Mathias Voelchert

Trennung in Liebe

Mathias Voelchert

Trennung in Liebe
... damit Freundschaft bleibt

Kösel

Kontaktmail:
mvg@mathias-voelchert.de

Internet:
www.trennung-in-liebe.de
www.mathias-voelchert.de

 Von Mathias Voelchert bei Kösel außerdem lieferbar:

Chancen verlieben sich
Wie Partner sich immer wieder neu entdecken können
ISBN 978-3-466-30784-5

Verlagsgruppe Random House FSC-DEU-0100
Das für dieses Buch verwendete FSC-zertifizierte Papier
Hello Fat Matt 1,1 liefert Condat, Le Lardin Saint-Lazare, Frankreich.

4. Auflage 2011
Copyright © 2006 Kösel-Verlag, München,
in der Verlagsgruppe Random House GmbH
Umschlag: Werbung 2005, München
Umschlagmotiv: Getty Images/V. Butamaro
Layout und Herstellung: Armin Köhler, Vaterstetten
Druck und Bindung: Kösel, Krugzell
Printed in Germany
ISBN 978-3-466-30718-0

www.koesel.de

Was einer ist,
was einer war,
beim Scheiden
wird es offenbar.

Wilhelm Busch

Inhalt

Widmung

Dieses Buch ist Menschen in einer Partnerschaft gewidmet, deren Beziehungen sich stark verändern. Menschen, die nicht mehr »wissen«, was sie tun sollen. Menschen, die hin und her gerissen sind zwischen dem, was sie sollen, und dem, was sie können. Menschen, die fortgerissen scheinen vom dem, was sie noch nicht »wissen«, die ahnen, was sein wird, und sich fragen, ob es sein darf. Menschen in unserer Zeit. Menschen in Beziehungen. Es ist ein Buch, das zum selbst Handeln anregt. Geschrieben von einem, der Trennung als Schmerz und Befreiung erlebt hat. Es stellt die Verarbeitung einer Trennung dar. Das Beschriebene ist nicht mein Verdienst, es soll nicht belehren, sondern es ist ein Geschenk der Menschen, mit denen ich lebe, an mich und – hoffentlich – auch an Sie.

Vorwort

Ich habe das Buch *Trennung in Liebe* geschrieben, um aufzuzeigen, dass es eine Alternative gibt zur »Katastrophe Trennung« und dass wir etwas dazu tun können, um Trennung in Liebe zu leben. Es gibt Möglichkeiten der Lösung voneinander und miteinander. Zum Wohl der beteiligten Partner und der Kinder.

Das Buch ist in seiner ersten Fassung parallel zu meiner eigenen Trennung entstanden. Es spiegelt wider, welche Themen mir auf diesem Weg begegnet sind. Dies ist die zweite, überarbeitete Ausgabe. Am Anfang stand bei uns der Wunsch nach einer guten Trennung. Der Wunsch, eine Trennung in Liebe überhaupt für möglich zu halten sowie die Bereitschaft, das anzuschauen, was in unserer Partnerschaft noch möglich ist und was nicht mehr. Ich habe den Wunsch, mit diesem Buch die »Selbstheilungskräfte« bei interessierten Paaren zu fördern.

Nun sind es bald zehn Jahre, dass meine erste Frau und ich uns getrennt haben. Ich schreibe dieses Vorwort sozusagen im Rückblick auf eine ereignisreiche Zeit. Wir haben uns alle (unsere Kinder, meine zweite Partnerin, meine erste Frau und ich) auf diese Entwicklung eingelassen. Wir haben offen über unsere Gefühle gesprochen. Die zerbrechenden Illusionen beweint. Uns ist klar geworden, dass wir unsere Beziehung nicht im Griff haben.

Unsere Kinder haben erlebt, dass wir grundsätzlich zusammenhalten und dass dieses Wohlwollen auch eine Scheidung übersteht. Diese Sicherheit hat ihnen, und uns, gut getan. Wir haben erlebt und verstanden, dass wir den Partner nicht besitzen können und alle Garantieversuche dazu nur oberflächlich bleiben.

Wir haben auch erlebt, dass manches nicht mehr möglich ist. Dass das Zusammenhalten seine Grenzen hat. Dass eine Trennung geschehen ist. Das soll nicht verniedlicht werden, wir können nicht einfach so weitermachen, als ob nichts passiert wäre! Dieser Verzicht auf eine heil geglaubte und heil phantasierte Welt ist mir genauso wichtig wie der Hinweis, dass es bei Trennungen keine Katastrophe zu geben braucht, solange keiner das will.

Was bedeutet eine Trennung in Liebe? Vielleicht wird es deutlicher, wenn ich zuerst beschreibe, was sie nicht ist: Trennung in Liebe geht nicht auf Kosten eines Beteiligten. Ist keine Rache. Die Menschen sind wichtiger als die Form.

Bei Trennung in Liebe schauen wir auf das Gemeinsame, das wir hatten, nicht auf das Trennende. Trennung in Liebe berücksichtigt die Tatsache, dass es so kam, wie es kam. Ob wir eine Wahl gehabt hätten ist unwichtig, denn es geschah, was geschehen ist. Jedes Reklamieren, jedes »Ach, hätte ich doch« oder »Ach, hättest du doch« ist ein Festhalten an inneren Bildern, Illusionen, Phantasien, Märchen. Diese Ideale lassen unser tatsächlich gelebtes Leben immer

als fehlerhaft erscheinen. Das ist einfach, denn diese Märchenbilder mussten sich nie in der rauen Wirklichkeit des Alltags bewähren. Sie konnten immer unbefleckt bleiben. Immer als Maßstab, »So hätte es eigentlich sein müssen«, in uns wildern. Sie sind die Grundlage unseres schlechten Gewissens und Ursache mancher Versagensängste.

Trennung in Liebe ist Verzicht für alle. Verzicht auf die Illusion der heilen Welt. Die gab es immer nur in der Phantasie, nie im richtigen Leben. Dieser Verzicht kann sogar mit dem bisherigen Partner zu einem Neubeginn der Beziehung führen.

Wir verzichten auf billige Schuldzuweisungen und Vorwürfe, nicht weil sie ohne Grund wären, sondern weil sie nichts bringen. Gründe für oder gegen eine Trennung gibt es tausende. Welche wir anführen, ist beliebig. Entscheidend ist, welche Wirkung unsere Taten haben. Stärken die Taten die Liebe oder schwächen sie die Liebe?

Ich habe erlebt, dass die mitmenschliche Liebe, trotz einer Trennung, bleiben kann, wenn beide dazu bereit sind. Und beide bereit sind, ihren Preis dafür zu bezahlen. Dieser Preis heißt: Ich schaue mich an und beobachte, wie ich reagiere und wie sich meine Reaktionen, Handlungen auf das Ergebnis auswirken. Ob es schadet oder nützt. Ich bin bereit mich zu verändern! Ich kann es und ich tue es!

Wir haben ein Interesse daran, dass es für die gemeinsamen Kinder, dich und mich und unsere neuen Partner gut weitergeht. Trennung in Liebe gibt es nicht umsonst. Es ist viel Arbeit an mir. Nur ich kann meine Welt verändern. Wer dazu bereit ist, wird eine reiche Ernte einfahren. Trennung in Liebe gelingt, wenn wir lernen, Trennung nicht als Scheitern, sondern als Veränderung zu begreifen!

Es gibt keine Rezepte, wie eine Trennung gelingt. Ich habe erlebt, dass allein das Für-möglich-Halten und Nichtaufgeben bei uns viel bewirkt hat. Jede Familie, jedes Paar muss selbst für sich aushandeln, welche Regeln als gültig erachtet werden.

Ich möchte Sie dazu ermutigen, Ihre Selbstheilungskräfte zu aktivieren, was Ihre Partnerschaften betrifft. Berater, Therapeuten, Anwälte, Richter, Pfarrer können für kurze Zeit Ratschläge geben. Letztlich bleiben Sie und Ihr Partner bzw. Expartner mit dem, was in Ihrer Partnerschaft möglich war, allein. Sie tragen die Folgen. Deshalb gehen Sie gut mit sich um! Das, was bleibt, war aus Liebe. Ich wünsche Ihnen Kraft und ein gutes Gelingen!

Ihr Mathias Voelchert

Kann es eine gute Lösung für alle geben?

... aus einer Liebe,
die war,
eine Freundschaft
werden zu lassen ...

Hinweis

»Trennung in Liebe« bietet viele Lösungsmöglichkeiten, die als hilfreich erfahren wurden. Es soll an dieser Stelle darauf hingewiesen werden, dass dieses Buch der Information über hilfreiche Wege zur Trennung in Liebe dient. Wer die beschriebenen Methoden anwendet, tut dies in eigener Verantwortung. Der Autor beabsichtigt nicht, Diagnosen zu stellen oder Therapieempfehlungen zu geben. Die angeführten und beschriebenen Verfahren sind nicht als Ersatz für professionelle medizinische oder therapeutische Behandlung oder Beratung zu verstehen.

Dieses Buch kann der eigenen Reflexion dienen und einen Beitrag dazu leisten, Trennung in Liebe zu leben. Dabei handelt jeder Einzelne auf eigene Gefahr, eigenes Risiko und eigene Verantwortung.

Der besseren Lesbarkeit wegen wurde auf eine durchgängige Schreibweise »Partner/in« verzichtet. Selbstverständlich sind immer beide Geschlechter, mit Partner, gemeint.

Dieses Buch ist für alle Menschen geschrieben, die nach Wegen suchen, in einer Krise, während oder nach einer Trennung liebevoller und respektvoller mit sich selbst und ihrem Partner oder Expartner umzugehen. Dabei sind Beziehungen und Trennungen so individuell wie die Menschen, die sie leben und erleben. Manche haben Kinder, manche keine, manche haben einen Trauschein, andere nicht, es gibt heterosexuelle und homosexuelle Partnerschaften, Paare, in denen sich beide eine Veränderung wünschen oder nur einer, wo offen über Trennung gesprochen oder nur im Geheimen darüber nachgedacht wird ... Aufgrund dieser Vielfalt werden Sie beim Lesen naturgemäß auf Stellen treffen, die Ihrer eigenen Situation nicht entsprechen – wie beispielsweise wenn es um Kinder geht, Sie aber keine haben –, und ich danke Ihnen für Ihr Verständnis, dass ich nur hier an dieser Stelle darauf hinweise und später nicht mehr. Ich wünsche mir, dass es mir gelungen ist, Ihrer Vielfalt und Lebendigkeit gerecht zu werden.

Einleitung –
Alle haben ihr Bestes gegeben

Ich sehe »Trennung in Liebe« als Ergänzung zum psychotherapeutischen Konzept der Ehe- und Partnerberatung. Psychotherapie und jeder Art der »Behandlung« haftet leicht der Beigeschmack des Mangels an. Als würde uns etwas fehlen, als wären wir nicht gut genug, so wie wir sind, als wüssten es Lebensberater besser als wir selbst.

Andererseits führt ein Selbstschutz vor Therapie, den sich viele auferlegen, nur zu mehr von dem, was gerade ist, im Sinne einer Lösungsvermeidung. Jürg Willi schreibt in seinem Buch *Die Zweierbeziehung*: »Ein psychotherapeutisches Konzept ist immer ein Verlust, weil vieles, was die Fülle des Lebens ausmacht, dabei verloren geht. Es ist für die therapeutische Arbeit aber ein Gewinn, weil es erlaubt, gewisse relevant erscheinende Aspekte klarer zu fassen und das Verständnis für die Zusammenhänge dieser Aspekte zu vertiefen.«

Es ist in vielen Trennungsgeschichten und für viele Menschen in Trennung sehr wichtig, sich Klarheit über ihre Situation zu schaffen. Was passiert denn da mit mir? Einzutauchen in Zusammenhänge und dann wieder Abstand zu schaffen, um schauen zu können, was ist.

In diesem Buch geht es ums Ganze, um die Fülle des Lebens und das eigene Selbstverständnis, um das Verhältnis von Selbst und Leben, das in der Zeit der Trennung auf dem Prüfstand steht, und um unsere Anbindung an unsere Vorfahren. Unter Fülle des Lebens verstehe ich: Anerkennen, was war, hinschauen auf das, was ist. Kein Urteilen. Ohne Vorwürfe auf das gelebte Leben zurückblicken. Ohne fixe Vorstellung von Richtig und Falsch. Sondern mit der Frage: Nützt es allen Beteiligten? Was war, war gut, sonst wäre es mir nicht geschehen. Genau das musste geschehen. Anerkennen, was war, ohne zu urteilen. Denn Urteilen würde bedeuten, dass wir uns anmaßen, es besser zu wissen als das Leben. Oder, wenn Sie wollen, als Gott.

Es ist wie das Herummäkeln am Wetter: Es ist August und normalerweise sollten wir 35 Grad haben. Es sind aber nur 15 Grad. So schimpft alles, was urteilen kann, auf diesen furchtbaren deutschen Sommer ... Was passiert? Es wird schlechte Laune produziert, ausgetauscht, multipliziert, gefördert. Klar ist: So wird sich das Wetter nicht ändern, damit schwächen wir jedoch uns selbst. Das Wetter ist ein gutes Beispiel für unser Leben. Leben geschieht uns. Wetter geschieht uns auch. Es lässt sich einigermaßen vorhersagen und wenn wir uns darauf verlassen wollen, oder darauf verlassen müssen, stimmen die Voraussagen zu 50 Prozent.

Wer nach einem Schuldigen und einer Schuld sucht, weigert sich, sich dem Unausweichlichen zu stellen.

Bei Trennung in Liebe geht es um den Anspruch an meine Beziehung. Welche Bilder habe ich mir von dieser Partnerschaft gemacht? Was erwarte ich, und welche Ansprüche konstruiere ich daraus? Wie will ich leben? Bin ich bereit, mich und meine Beziehung in Frage zu stellen? Bin ich bereit, einen neuen Weg zu gehen? Einen Weg, der Achtung vor dem anderen und Selbstachtung verbindet. Einen Weg, der das gewesene, das bereits gelebte Leben ehrt. Das Gute nehmen und das Schlechte lassen, wo es herkam. Keine Schuld nehmen oder geben, aber verantwortlich handeln.

Keine Schuld nehmen oder geben.

Dies ist wohl das größte Abenteuer, das wir in Beziehungen zu uns selbst und dem Partner eingehen können. Es gibt noch keine vielfältigen Erfahrungen darüber, sich in Liebe zu trennen. Aber es ist einen Versuch wert. In Shere Hites Untersuchungen (vgl. Literaturhinweise am Ende des Buches) sind es sieben Prozent der Paare, die dies geschafft haben. Es können viel mehr werden, die eine gute Trennung leben oder wieder gut zusammenfinden.

Wenn unsichtbare Verwicklungen, Geheimnisse oder Tabus unser Leben mitbestimmen und über Generationen auf uns wirken, ist es sinnvoll, sich diese Wirkkräfte genauer anzuschauen. In unseren Beziehungen haben diese Wirkkräfte eine besondere Bedeutung, da sie uns in eine Partnerschaft ziehen und auch wieder daraus trennen können.

Jedes Gedankensystem ist eine Aneinanderreihung von Glaubenssystemen und seine eigene beste Erklärung. Das ist der Grund, weshalb Diagnose, also die Suche nach Vergleichbarem, Bekanntem, das mit Bewährtem »behandelt« werden könnte, im Zusammenhang mit Trennung in Liebe oft unwirksam ist. Partnerprobleme oder das, was wir dafür halten, sind in ihrem Zusammenspiel so komplex, dass Reduktion und Erklärungsmodelle von außen oft mehr komplizieren als lösen.

Voraussetzung ist die ehrliche, gesammelte Bereitschaft, die Beziehung in Liebe weiterzuführen oder in Liebe zu beenden. Die Liebe, die beide einst zusammenführte, ist der Schlüssel, um eine liebevollere Zeit für beide zu beginnen. Getrennt oder vereint.

Nur im gegenwärtigen Moment sind wir handlungsfähig. Es bringt nichts, auf die Vergangenheit zu schauen. Was nicht heißt, sie außer Acht zu lassen. Gemeint ist: Es bringt nichts, an der Vergangenheit herumzukritisieren mit *hätte, wäre, wenn* ...

Wir müssen das Steuerrad herumreißen, wirklich korrigieren, nicht nur um ein paar Striche den Kurs ändern. Wirklich korrigieren, das meint das Ziel prüfen, ob es für einen selbst und den Partner noch schön ist, und gegebenenfalls neue Ziele finden.

Zu viele schlechte Trennungsbeispiele, die im Dauerstreit endeten, verstellen den Blick auf Neues. Aber es ist den Versuch wert, sich in Liebe zu trennen bzw. die Partnerschaft auf neue, tragfähigere Beine zu stellen. Aus einer Liebe, die war, eine Freundschaft werden zu lassen. Willkommen im Leben!

Eine befriedigende Lösung, ein positives Sich-voneinander-Lösen wird es nur geben, wenn beide Menschen in einer Partnerschaft einer Lösung aus ganzem Herzen zustimmen können oder bereit sind, nach einer Lösung zu suchen. Dies gelingt nur in Achtung und Respekt vor sich und dem anderen. Dabei hilft: Anerkennen, dass Schwierigkeiten da sind und

Es geschieht uns Schicksal
und es sind unsere Handlungen,
die Dinge möglich oder unmöglich machen.
Für jeden gibt es seinen richtigen Weg.
Es gibt nur Wege und Umwege zur Liebe.
Dies ist ein Aufruf
und eine praktische Anleitung,
aufeinander zuzugehen.
Wie gut es funktioniert,
darüber entscheiden Sie.
Es sind die vielen »Unmöglich!«,
die Neues gar nicht erst entstehen lassen.

dass sie so groß sind, dass ich/wir sie, im Moment, glauben nicht lösen zu können. Aber daran zu glauben, dass es eine gute Lösung für alle geben kann.

Nehmen Sie die Versuchungen, Misserfolge, Kämpfe, Opfer auf sich, die diese Auseinandersetzungen mit sich selbst und dem Partner bringen. Ihre unverzagte Anstrengung, die Vision Ihres Herzens, kann Ihr Wegweiser sein für Ihr Leben.

Indem ich aufhöre, etwas sein zu wollen, kann ich der Mensch werden, der ich wirklich bin.

Was Sie letzten Endes an Freiheit in oder von der Beziehung ernten, müssen Sie vorher an Ernsthaftigkeit einsetzen. Um diese Ernsthaftigkeit möchte ich Sie bitten. Bitten möchte ich Sie auch, nichts, was hier geschrieben steht, einfach zu glauben, sondern alles zu prüfen an dem, was Sie selbst wissen, spüren, erfahren haben, und nur nach Ihrer eigenen Überzeugung zu handeln.

Ich gehe davon aus, dass alle Beteiligten ihr Bestes gegeben haben.

Es geht darum, verhärteten Fronten und unüberbrückbaren Gegensätzen auf Versöhnung zielende Betrachtungen gegenüberzustellen. Dabei sollen die Unterschiede gerade nicht verwischt werden und Widersprüche nicht unter den Tisch fallen. Nicht eine künstliche Harmonie ist das Ziel, sondern neue Antworten zu entdecken.

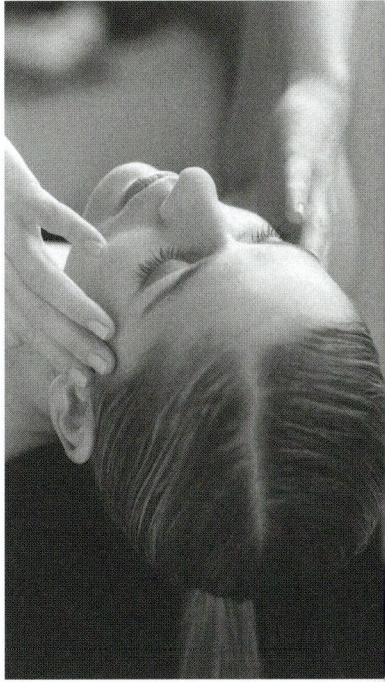

Die Ehe ist der Versuch, aus einem Moment etwas Dauerhaftes zu machen.

Albert Einstein

Trennung und Scheidung sind keine Heilmittel für schlechte Beziehungen

Trennungen sind Ausnahmesituationen! Menschen in Ausnahmesituationen rücken entweder näher zusammen oder bekämpfen sich. Bei Trennung in Liebe geht es um Zusammenhalten in einer schwierigen Situation, um eine gute Lösung für alle Beteiligten zu finden, trotz aller möglichen Widerstände.

Ihre Liebe hat Sie zusammengeführt. Ihre Liebe ist die Medizin, mit der Sie Ihre Beziehungssituation heilen können. Diese Liebe hilft auch bei Trennung. Sie ist die einzige Kraft, die Ihre Selbstheilungskräfte aktiviert und Ihnen in scheinbar ausweglosen Situationen den richtigen Weg zur gemeinsamen, besseren Lösung weist. Diese Liebe ist die Beziehungsmedizin.

Die Trennung, die Scheidung, ist nicht das Allheilmittel für schlechte Beziehungen. Sie ist überhaupt kein Heilmittel. Trennung ist ein traumatisches Ereignis, ein Aufschrei der Seele: »So kann ich nicht mehr weitermachen!« Trennung war bisher für alle Beteiligten das, was es immer zu vermeiden galt, koste es, was es wolle. Und so bleiben wir im Gefängnis der Beziehung, auch deshalb, weil es sich so sehr nach Heimat anfühlt. Nach dem anfühlt, was wir vorgelebt bekamen, und sei es noch so schlimm. Trennung kann der Tod des sinnlos Gewordenen sein, dann ist es keine leichtfertige Trennung.

Sinn und Zweck dieses Buches ist es, einen gangbaren Weg aufzuzeigen, wie »Partner in der Krise« aufeinander zugehen können und sich schließlich lassen können: Es soll und muss keine Verlierer geben. Dieses Buch ist der Zugang zu einer Lösung: Trennung in Liebe oder Partnerschaft in Liebe. Es wühlt nicht im Problem. Die Lösung liegt hinter dem Problem. Es ist ein Versuch, durch die Situation hindurchzusehen, dorthin, wo Sie etwas lösen können, um eine Wahlmöglichkeit in der Gegenwart zu

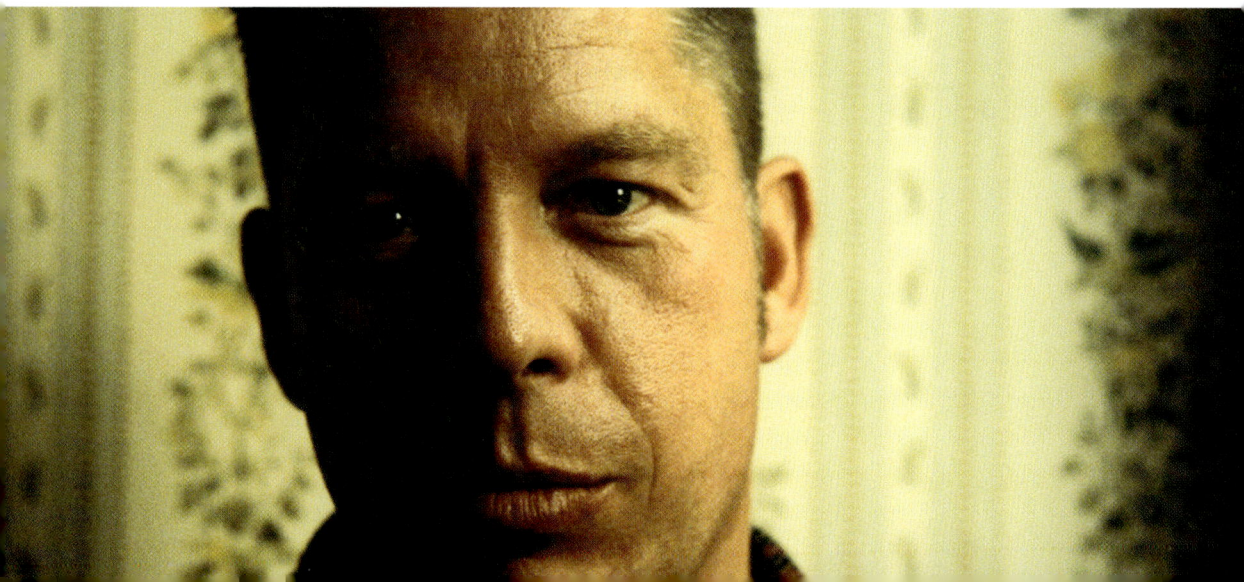

schaffen, um vielleicht aus Liebe Freundschaft werden zu lassen.

In diesem Buch wird nicht nach Schuld und Sühne gesucht. In diesem Buch wird möglichen Lösungen ein breiter Raum gewidmet. Es werden Wege für die Lösung Ihrer Situation angeboten. Was für Sie passt, entscheiden Sie.

Trennung, Scheidung, Verlassenwerden oder Verlassen gehören zum Schlimmsten, was wir uns vorstellen können. Ein Mann auf die Frage, was für ihn das schlimmste Erlebnis in seinem Leben war: »Die Trennung von meiner Frau und meinen Kindern. Und doch konnte ich es nicht verhindern ...«

Gestartet sind die meisten von uns in die Beziehung mit einer romantischen Vorstellung von ihr als Ort der Sicherheit, als Heimat und Zuflucht. Wir haben unsere Ehen und Beziehungen überfrachtet mit Vorstellungen, die nichts mit der Realität zu tun haben. Denn die Wirklichkeit sieht anders aus. Der Alltag hat sich breit gemacht. Das ist jedoch kein Problem, das der Institution Ehe anzulasten wäre.

Unsere Partnerprobleme scheinen auf besondere Weise mit unseren Vorfahren verbunden. Das viele Ungesagte, Erlittene, Verschwiegene, Geduldete, Ertragene, Zugefügte, das viele Nichtgeliebte, was sich in Nichtspüren und Nichtsein, in Abschalten ausdrückte. Das alles macht uns zu Menschen, die nicht verstehen, wie ihnen das Gleiche geschehen kann, die entsetzt vor dem Scherbenhaufen einer zerbrochenen Beziehung stehen und sich schockiert die Frage stellen: Wie konnte mir das nur passieren? Habe ich versagt?

Von unseren Vätern und Müttern wünschen wir uns so sehr zu hören: »Mir war es auch oft schwer, ich kann dich verstehen. Geh deinen

Trennung kann das Ende
des sinnlos Gewordenen sein.

Weg.« Oft genug hört sich das, was unsere Eltern sagen, ganz anders an. Die Kraft zum Handeln bekommen wir aber nur in der Verbundenheit mit unseren Eltern. Indem wir achten, dass wir von ihnen kommen und ohne sie nicht wären, mit all dem Weiten und Engen, was da war. Unsere Eltern haben ihr Bestes getan. Wenn wir unsere Eltern dafür achten, können wir unseren Weg leichter gehen.

Jeder Partner bringt viel solches und anderes Gepäck mit in die Beziehung. Jeder trägt viele Taschen, Koffer und Rucksäcke, z.B. an Vorstellungen, wie es sein sollte. Oft stehen diese Vorstellungen in krassem Gegensatz zu dem, was wir leben können.

Partnerbeziehung lässt sich nicht auf eine Zweierbeziehung reduzieren. Wir können uns und dem Partner nur gerecht werden, wenn wir sehen, wo wir herkommen. Wenn wir anerkennen, dass wir nicht bei Null anfangen, sondern durch unsere Vorfahren einiges vorgegeben bekamen. Damit könnten wir umgehen und einsehen lernen, dass es nicht der böse Wille des Einzelnen ist, sondern dass auch dieser Mensch seinem Plan folgen muss. Trennung sollte verarbeitet werden, gegessen und verdaut werden. Damit wir nicht eine Ehe und danach 15 Jahre schmerzliche Trennung leben müssen.

In Beziehungen ist die »innere Kündigung« die verbreitetste Art, mit einer toten Ehe umzugehen. Der Abgesang an die Hoffnung, es könnte sich noch etwas ereignen in meinem Leben, in meiner Ehe. Mit den gleichen untauglichen Mitteln wie im Beruf versuchen wir, Erfolg in der Beziehung zu haben: Jeder gegen jeden. Jeder muss stark und unabhängig sein. Aber ein »Ehepartnerteam« zu sein, erfordert andere Einstellungen. Leider hat uns das niemand vorgemacht und keiner gesagt. So sind wir dann oft nur noch für die Kinder da und vergessen, dass unsere Partnerbeziehung vor die Eltern-Kind-Beziehung geht, dass die Liebe zwischen Mann und Frau die Kinder, das Leben, erst zeugt und hervorbringt.

Für Trennung in Liebe – wenn aus einer Liebe eine Freundschaft werden soll – braucht es mindestens zwei. Es bedarf beider Partner, die beide das Risiko eingehen, verletzlich zu sein. Liebe macht verletzlich, Hass dagegen macht unverletzlich, unzugänglich, beherrschend, beanspruchend.

Während der Lebenszeit ist es unsere Aufgabe, die Liebe zu sehen und zu leben, die uns überall in der wunderbaren Natur, auf der Erde, im All, in unserem Körper, entgegenstrahlt.

Der Inhalt dieses Buches versucht auch den vielleicht zögernden oder nicht entschiedenen Partner dazu zu bewegen, ins Gespräch zurückzukehren.

Es ist unsere Aufgabe, die Verantwortung für unsere Entscheidungen zu uns zu nehmen. Nur wir sind für unser Schicksal verantwortlich. Niemand anderer sollte für uns entscheiden. Nicht die Eltern, Brüder, Schwestern, auch nicht Freunde oder Kollegen sollten wir mitentscheiden lassen. Kein Guru, Berater oder Therapeut sieht die Welt durch meine Augen, hört mit meinen Ohren, fühlt, wie ich fühle! Jeder ist einmalig, niemand kann für einen anderen Menschen handeln. Es gibt überhaupt keinen Grund, anderen Autorität über unser Handeln zu übertragen.

Wir können von anderen lernen. Aber niemals, auch, wenn die Lage noch so aussichtslos ist, sollten wir gegen unsere Überzeugungen handeln.

Denn dann begeben wir uns auf zu dünnes Eis. Falls wir einmal nicht wissen, in welche Richtung wir gehen sollen – und wer weiß das immer genau? –, können wir anderen ein Stück Wegs folgen oder sie begleiten. Wissend, dass es ihr Weg ist, um unseren Weg zu finden.

Das ständige rationale Abwägen allen Für und Widers bezieht so viele materielle, soziale und psychologisierende Argumente mit ein, die alle nichts mit Wahrnehmung zu tun haben. Unser Wahrnehmen ist es, das (lebens-)wichtig ist für unsere Partner, für unsere Kinder, die Menschen, die wir lieben. Wahrnehmen bedeutet anschauen, was ist.

Lesen Sie dieses Buch mit Ihrem Herzen und mit Ihrem Verstand. Ihre Antworten finden Sie mit dem Herzen. Im Einklang mit sich selbst, im Anschluss an sich selbst. Rationalistische Einwände führen oft zur Lähmung des Handelns. Sie bremsen das gute Gelingen, weil sie mehr zerstören als sie aufbauen.

»Der leidenschaftliche, fanatische Glaube an Ideen und Führer — gleich welche — ist Götzendienst. Er entsteht aus einem Mangel an Mitte, an innerer Aktivität, an Sein. Das Gleiche gilt für die große Liebe: Sie wird zum Götzendienst, wenn jemand glaubt, dass der Besitz eines anderen Menschen ihm Antworten auf sein Leben gibt, ihm Gewissheit schenkt, zu seinem Gott wird. — Die Liebe zu einer Idee oder zu einem Menschen, die frei von Götzendienst ist, ist still, nicht schrill; sie ist ruhig, tief; sie wird jeden Augenblick geboren, aber sie ist kein Rausch, sondern erwächst aus der Überwindung des Ego.«

Erich Fromm. Vom Haben zum Sein

Gehen oder bleiben?

An der Stelle, wo wir in der vorherigen Beziehung aufgehört haben, geht es in der neuen Beziehung weiter. Dieselben Themen kommen, neu verpackt, wieder auf uns zu. Wir meinen, durch den Partnerwechsel auch einen Problemwechsel herbeiführen zu können. Falsch gedacht. Da sind sie schon wieder, die vielen Kleinigkeiten, die schon immer störten. Ist es ein Teufelskreis, aus dem es kein Entrinnen gibt? Es gibt das Entrinnen nur, indem ich mich selbst anschaue, bereit bin, meine Anteile an der Veränderung der Beziehung zu sehen. Da kann ich ansetzen. So kann ich einen neuen Zugang zu alten Situationen finden. Dieses Buch will zeigen, was Sie selbst tun können, um sich in Liebe zu trennen oder eine bessere Partnerschaft zu begründen. Mit dem bisherigen Partner, aber vielleicht auch in einer neuen Beziehung. Doch machen Sie sich nichts vor: Zu gehen kann ein wichtiger, richtiger Schritt sein. Aber zu gehen, ohne etwas von dem in mir zu lösen, worauf mich die Trennung stößt, führt vor allem zu einem: dass ich in einer neuen Partnerschaft auf die gleichen Schwierigkeiten treffe.

Maria und Ernst sind seit zehn Jahren verheiratet. Glücklich verheiratet, wie alle ihre Freunde meinen. Seine Kollegen denken: Der hat's gut, er liebt seine Frau, sie liebt ihn, die Eltern und Schwiegereltern sind zufrieden. Bei Festen sind sie ausgelassen und er ist immer zu einem Spaß aufgelegt.

Wenn die Gäste gegangen sind und gemeinsam aufgeräumt wird, kommt der »Alltag« wieder. Vorbei ist die fröhliche Ablenkung. Jetzt fallen die Masken, er möchte gern noch mit ihr schlafen, sie ist zu müde, hat morgen noch einen harten Tag, oder ist es Kopfweh? Er hat morgen auch einen harten Tag und er hat auch Kopfschmerzen und weiß wovon. Die Zigaretten, der Wein haben ihre Spuren hinterlassen. Aber er hat Lust, sie nicht. Männer sind anders und Frauen erst recht. Er will oft, sie nicht. Er ist entzündet, bei ihr ist dieses Feuer schon so lange erloschen. Sie schläft mit ihm. Frag nie, warum ... Sie schläft mit ihm, weil sie meint, es ihm zu schulden. Weil sie den Schein wahren will. Ja, ihre Freundin, die hat es geschafft. Die hat endlich einen Weg gefunden, sich der fortwährenden Ohnmacht zu entziehen. Aber sie selbst traut sich nicht. Wie soll sie ihm erklären, was los ist, was sich geändert hat? Er würde sie nicht verstehen wollen, warum muss sich was ändern, es ist doch gut so. Er benutzt sie, sie lässt sich benutzen. Das Leben geht an beiden vorbei. Die Liebe, die sie einst lebten, ist schon über alle Berge. Geblieben ist eine fast unmerkliche Enge, ein Eingeschnürtsein, Gefesseltsein.

Viele sagen: »So oder so ähnlich ist es bei mir auch und ich fühle mich ganz wohl dabei.« Das ist eine Art, damit umzugehen. Vielleicht sagt eine/r: »Es ist noch nicht die Zeit für mich, das alles anzuschauen.« Das ist eine weitere Art, damit umzugehen. Ein/e andere/r sagt: »Diese Wahrheitsfanatiker, Ritter der Ehrlichkeit, die wollen alles und jedes aufklären. Die Seele ausziehen, alle Geheimnisse, die ich vor mir selbst oder meinem Partner habe, prostituieren. Und dann? Geht es mir dann besser? Alles, was ich erwarten kann, sind Probleme und Entscheidungen und Schmerz.« Auch das ist eine mögliche Umgehensweise.

Wer will, wer kann etwas ändern? Es wird nur *der* Mensch die Stärke zur Änderung haben, der an eine Grenze gestoßen ist. Dessen Schmerz so groß geworden ist, dass er es nicht mehr aushält. Der findet dann die Kraft, den so mühsamen Weg zu gehen, an dessen Rand Wegweiser stehen, die sagen: »Das ist dein Weg. Tu dir gut. Sei großzügig mit dem, was du brauchst. Tu was. Erlebe dich, wie du bist. Steh zu dir. Nur du kannst dich tragen. Es wird wehtun, geh weiter.«

Aber es stehen auch an der anderen Seite des Weges Schilder, die sagen: »Jetzt ist er/sie ganz verrückt geworden. Das kommt davon, immer dieser esoterische Quatsch. Ihr müsste man mal richtig ... Der will doch nur das Eine ... Warten wir mal ab, der/die kommt bald zur Ruhe, wenn das Geld knapp wird.«

Es gibt Situationen, die gelöst oder zumindest verändert werden können. Im Moment wissen wir nur noch nicht wie.

Diese Erkenntnis kann wie ein Zauberstab dabei helfen, Lösungen zu finden. Zugeben, dass etwas nicht mehr stimmt, ist der Anfang. Ab da geht's bergauf. Aber es beginnt auch wehzutun. Eine Lösung für eine Situation kann ich nur finden, wenn ich zugebe, dass ich etwas ändern möchte.

Menschen empfinden ihre eigenen Partnerbeziehungen unterschiedlich. Oft ist der eine an seinen Grenzen, meint, er muss die Ehe verlassen, während der andere noch gar nichts spürt. Die Zukunft wird zeigen, ob mein Weh mir genug Kraft angesammelt hat, um zu handeln. Oder ob es nur eine »Unpässlichkeit« in der Partnerschaft war.

Kein Außenstehender kann das beurteilen. Niemand kann uns die Verantwortung für das Handeln abnehmen. Ich warne jeden davor, eine Partnerschaft leichtfertig aufs Spiel zu setzen. Ein Freund sagt: »Es kommt selten was Besseres nach.« Das stimmt auf einer Ebene, auf einer anderen vielleicht nicht. Es stimmt, dass ein neuer Partner, in den wir uns verlieben, dieselben Probleme anbietet bzw. spiegelt wie der bisherige Partner. Es stimmt aber auch, dass die »neue Verpackung« einen neuen Zugang zum Problem erlaubt. Dass es in der Auseinander-

setzung mit ihm vielleicht möglich ist, die eigenen Anteile anzuschauen und mit denselben Inhalten anders umzugehen, weiter zu gehen als bisher.

Wer will sich anmaßen zu sagen, die Partnerschaft, die ein Leben lang hält, ist besser als die Beziehung, die dreimal neu begonnen wurde mit drei verschiedenen Menschen?

Wir sind eingebunden in die Lebensweise der Familie, aus der wir kommen. In der Partnerschaft stoßen zwei oft unterschiedliche Lebensauffassungen aufeinander.

Wir haben einen anderen Anspruch an die Qualität des Zusammenseins als die Menschen zu früheren Zeiten, vor allem deshalb, weil wir ihn uns leisten können. Die weit gehende Freiheit von materieller und existenzieller Not verschafft uns die Möglichkeit, der Frage nach der Qualität und Tiefe unserer Beziehungen nachzugehen. Wegen unseres Wohlstandes können wir uns diesen Anspruch leisten. Und wir leben

in einer Gesellschaft, die Frieden und Freiheit als höchste Güter ansieht. Schaffen wir es, diesen Frieden und diese Freiheit, die wir von der demokratischen Welt erwarten, auch in unseren Beziehungen zu leben?

Lea möchte unbedingt das dritte Kind. Sie ist seit acht Jahren mit ihrem Mann zusammen. Die beiden haben zwei Kinder, sieben und fünf Jahre alt. Ihre Partnerschaft besteht vor allem aus viel Arbeit. Beide sind selbstständig im Beruf. Viel Zeit brauchen die Kinder. Lea, Mutter und Geschäftsfrau, spürt, dass etwas nicht mehr stimmt, aber es ist weniger als spüren, es ist eine Art Unwohlsein mit sich, mit dem Partner, besonders wenn sie miteinander schlafen. Ihr Mann, Stefan, möchte auf keinen Fall mehr ein Kind, er »kommt zu nichts mehr« und fühlt sich ausgepowert.

Nach einer kurzen, aber intensiven Affäre will sie sich scheiden lassen. Ihr Mann ist wie vor

Haben wir ein Recht,
unglücklich zu sein?

Ihre Antworten finden Sie
mit dem Herzen.

den Kopf gestoßen. Er klagt seinem Freund sein Leid: »Noch vor einem Jahr wollte sie unbedingt das dritte Kind, jetzt will sie die Scheidung. Das soll einer verstehen!«

Für Stefan bricht eine Welt zusammen, er hat die Partnerschaft als gelungen empfunden. Er liebt seine Kinder, und die Liebe zu Lea, na ja, es ist halt so geworden, wie's eben bei allen ist. Am Anfang war die Anziehung groß und jetzt ist die Routine geblieben. Für ihn war es das Erwartete.

Für Lea bricht auch eine Welt zusammen, aber es ist eine Welt, in die sie nicht mehr zurück will. Sie will die Erde spüren und nicht von der Welt vereinnahmt sein. Sie weiß nicht, was sie ihm sagen soll. Er kann das nicht begreifen, was mit ihr passiert ist. Sie kann es mit dem Verstand nicht erklären und kommt jedes Mal ins Strudeln, wenn sie von ihren Freundinnen um eine Erklärung gebeten wird. Es ist nicht zu verstehen. Sie spürt nur, das, was sie hatte, will sie nicht mehr. Sie hat am Himmel ein wunderbares Licht gesehen. In der kurzen, starken Liebe hat sie gemerkt, was sie alles entbehrt hat. Sie versucht, es ihrem Mann zu erklären. Er versucht, sie zu verstehen, aber es gelingt ihm nicht.

Barbara und Rainer leben schon lange zusammen, sie haben fünf Kinder. Er brachte zwei Mädchen mit, die bei seiner ersten Frau leben, sie drei Jungs, die bei ihnen leben.

Rainer: »Ich habe viel getan. Habe Seminare besucht, um mit meiner Eifersucht fertig zu werden, um mein schlechtes Gewissen gegenüber meinen Kindern zu heilen. Viel ist mir gelungen, sie sagen, ich sei ein Verwandlungskünstler. In der Firma bin ich ein respektierter Berater, zu Hause bin ich eher unentschlossen und zaghaft.« Barbara: »Ich wollte alles dazu tun, dass es diesmal gelingt.«

Wer kann urteilen über Menschen, die ihr Bestes tun? Wahr ist: Wir alle tun unser Bestes in einer Beziehung. Der Verstand allein ist ein untaugliches Mittel, Beziehung wieder herzustellen. Wo steht geschrieben, dass eine getrennte Beziehung unheiler ist als eine bestehende? Woher kommt das schlechte Gewissen, gegen unausgesprochene Gesetze (vielleicht Familiengesetze) zu verstoßen?

Ester sagt über die schwere Krise in ihrer Ehe: »Ich weiß wirklich nicht, wie es so weit kommen konnte, denn eigentlich lieben wir uns doch.« Es ist der langsame Zerfall. Fast unmerklich schleicht sich der Alltag herein, die Sonnentage werden immer seltener. Die Gleichgültigkeit gegenüber dem Partner ist so groß geworden, dass ein Schnitt in der Beziehung für alle wohltuend sein kann. Wenn der Hass und die Gereiztheiten regieren, ist es Zeit zu reagieren.

WAS ICH TUN KANN

Auf den vorangegangenen Seiten sind Berichte von Paaren in Beziehung bzw. Nichtbeziehung wiedergegeben. Nachfolgend finden Sie Fragen, die Ihnen helfen können und Ihnen vielleicht einen Ausweg aus Ihrer speziellen Situation zeigen.

Beantworten Sie die folgenden Fragen ehrlich sich selbst und dem Partner gegenüber. Antworten Sie erst selbst, dann, wenn möglich, auch Ihr Partner. Vergleichen Sie Ihre Antworten und sprechen Sie dabei unterschiedliche Standpunkte an.

Lösungsmöglichkeiten für unsere spezielle Situation

1. »Wir haben eine Situation in unserer Beziehung, die wir ändern wollen!« Sehe ich das auch so?

   _____

   _____

2. Warum taucht diese Situation gerade jetzt auf?

   _____

   _____

3. Was haben wir bis jetzt getan, um die Situation zu verändern?

   _____

   _____

4. Was haben wir vermieden, um sie zu lösen?

   _____

   _____

5. Welche Erwartungen haben wir an eine gute Lösung?

   _____

   _____

6. Wenn morgen früh, nach einer erholsamen Nacht, das Problem wie durch ein Wunder gelöst wäre – wie würde es mir und uns dann gehen?

_____

_____

7. Wie soll die Lösung aussehen, damit ich zufrieden bin?

_____

_____

8. Angenommen, ich hätte gute Gründe für mein Verhalten. Welche sind das?

_____

_____

9. Angenommen, über Nacht würde ein Wunder geschehen und ich hätte keine Probleme mehr, woran würden die anderen das merken?

_____

_____

10. Angenommen, ich würde einen Sprung in die Zukunft machen. Wie würde ich in drei Jahren leben?

_____

_____

11. Angenommen, ich wollte die Probleme verschlimmern, was müsste ich dann tun?

_____

_____

12. Angenommen, ich wollte »rückfällig« werden, was müsste ich tun und was lassen?

_____

_____

13. Wenn sich nichts ändern sollte, das Problem weiterbestehen sollte, was würde alles dazu gehören?

_____

_____

Echte Partner-schaft ist das Ziel. Was das für jeden Einzelnen bedeutet, muss jede/r selbst herausfinden.

Hören Sie sich sagen: »Alles Käse, das geht in jeder Partnerschaft so, am Anfang ist es schön und dann lernt man sich besser kennen, dann lässt das Feuer nach ...« oder »Das ist ganz normal, es ist eben so«?

Es ist die Entscheidung eines jeden Einzelnen. Wenn eine/r damit zufrieden ist, ist das ihr/sein Standpunkt. Wenn sie/er es ändern möchte, kann dieses Buch ein Wegweiser sein. Und trotz des Titels, »Trennung in Liebe«, muss die Trennung nicht das Ziel dieser Entwicklung sein. Echte Partnerschaft ist das Ziel!

Die Bereitschaft, auch eine gute Trennung zu vollziehen, kann die Partnerschaft sehr entlasten. Es macht einem selbst und dem Partner klar, dass dringender Handlungsbedarf besteht. Es gibt keinen Aufschub mehr. Jetzt ist die Zeit zum Handeln. So gesehen ist eine mögliche Trennung nicht nur Belastung, sondern auch Entlastung, das Ungute aus der Beziehung gehen zu lassen.

Es ist die Frage nach Qualität oder Quantität der Beziehung. Will ich mehr von dem, was mir nicht mehr gut tut? Oder bin ich bereit, einen Weg zu gehen, an dem ich an viele Gabelungen komme und oft zu entscheiden habe, wohin ich gehe? Bin ich bereit, mir zuzugestehen, dass ich Fehler machen werde? Bin ich bereit, die Kritik der anderen zu ertragen? Bin ich bereit, materielle Einschnitte zu ertragen? Bin ich bereit, mich mit dem auseinander zu setzen, was ich wirklich will? Mir diese Frage überhaupt zu stellen, was will ich? Was tut mir gut?

Wie eine Partnerschaft ohne Verlierer enden kann

Shere Hite beschreibt in ihrem *Hite-Report* (1987) und *Sex & Business* (2000) die Situation von Frauen in Beziehungen. Der Vergleich beider Bücher zeigt, wie wenig sich verändert hat.

Frauen sagen in den Befragungen:

Er hört mir nicht zu.
Sexuelle Leidenschaft und eine lange Beziehung sind unvereinbar.
Wie kann ein Mann eine Frau schäbig behandeln und dann erwarten, dass sie mit ihm schläft, wenn ihm danach ist?
Wenn er an Sex denkt, ist ihm alles recht an mir!

In der Umfrage von 1987 gaben 91 Prozent der Frauen an, sie hätten den Entschluss zur Scheidung herbeigeführt, weil sie sich in ihrer Ehe einsam und isoliert fühlten. Die Mehrheit der Frauen erklärte, dass sie während der Ehe irgendwie das Gefühl hatte, am Leben nicht beteiligt zu sein, anstatt enger mit dem Leben verbunden zu sein. 71 Prozent verspürten Erleichterung, 24 Prozent erholten sich nur schwer von der Scheidung. Vier Prozent waren sehr traurig, die meisten von ihnen »wurden geschieden«.

Sieben Prozent der Frauen sind mit ihren früheren Ehemännern noch befreundet und mögen sie sehr gern. Frauen aus dieser Sieben-Prozent-Gruppe sagen: »Ich fühle mich wohl und bedauere nichts. Wir haben beide ein neues Leben begonnen. Wir lieben uns noch immer! Wir haben dieselben Freunde, außer einigen neuen, die dazugekommen sind. Wir konnten eben nur nicht als Mann und Frau zusammenleben.« »Eigentlich glaube ich, dass ich ungefähr 13 Jahre lang eine gute Ehe geführt habe und dass es eine gelungene Trennung war (es gab wenig Reibereien, und die Kinder haben es relativ gut überstanden), und bei unserer Scheidung lief ebenfalls alles glatt – wir bleiben Freunde.«

Eine Partnerschaft, eine Ehe, ist auf Dauer angelegt. Beide Partner haben sich entschieden, gemeinsam durchs Leben zu gehen. Beide erwarten vom anderen Liebe, Sicherheit, Unterstützung, in guten wie in schlechten Zeiten. Vor dem Traualtar geben wir uns dieses Versprechen: für immer! Keiner weiß, ob er es je halten kann.

In der Verliebtheit, in der wir zusammenkamen, schien alles machbar. Wir waren grenzenlos verbunden, haben im geliebten Menschen unseren Lebenssinn gesehen. Wir wollten zusammen alt werden, vielleicht zusammen Kinder zeugen und aufziehen. Lieben, streiten, verzeihen, Partner sein.

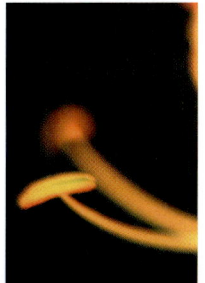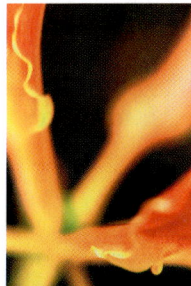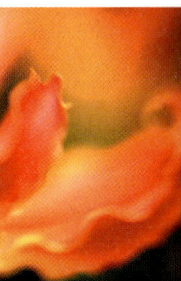

Das alles soll jetzt vorbei sein? Gibt es das, dass ich mich so in ihm, so in ihr getäuscht habe?

Wie konnte ich diesen Mann nur heiraten? Was hat mich an ihr nur jemals angezogen? Mit diesen Fragen martern wir uns. Sie sind sinnlos, weil sie keine hilfreiche Antwort bergen. Diese Fragen, Gedanken sind der Versuch, sich selbst oder dem anderen Schuld am Auseinanderbrechen der Partnerschaft zu geben.

Wo liegt die Lösung, gibt es überhaupt eine?

Wenn zwei Menschen in Liebe zusammengekommen sind, ist die Liebe auch das Medium, das uns einen gangbaren Weg für die Trennung aufzeigen kann. Diese unergründliche Kraft, die Sie beide verbunden hat, die Sie beide auf einen Weg gebracht hat, diese Kraft steht Ihnen zur Seite, um sich in Liebe und nicht in Hass zu trennen. Oder ... um noch einmal miteinander neu anzufangen. Trennungsfähigkeit erreichen oder einen Neuanfang begründen, der beiden Menschen und den Kindern gut tut – das ist Sinn und Zweck dieses Buches.

In einem Seminar *Wie Liebe gelingt* sagt Bert Hellinger: »Der wahre Grund für eine Trennung ist ein Geheimnis. Das soll heißen, dass dem Grund für die Trennung etwas zugrunde liegt, was wir nicht wissen können und nicht zu wissen brauchen. Denn es führt zu der Illusion, man hätte den Grund vermeiden können!« (Bern, 26.2.1999)

Entspricht Ihr Handeln der Situation? Ist Ihr Handeln dem adäquat, was geschieht? Werden Sie dem Menschen gerecht, mit dem Sie einst ein gemeinsames Leben begonnen haben? Trennung in Liebe heißt, dass jeder von beiden einen Schritt zurücktritt, um den anderen zu lassen, wo er steht. Ihn zu lassen wie er/sie ist, ohne Kritik, ohne Vorwurf. Mit dem Versuch, die Liebe wieder mit einzubringen, die einst da war.

Erinnern Sie sich an diese Liebe. Schämen Sie sich nicht dafür. Es war gut so. Jetzt ist eine neue Zeit. Verletzen Sie sich und den anderen nicht, es gibt keinen Grund dafür, der Bestand hat, wenn Sie sich eine Trennung in Liebe wünschen.

Wenn Sie verletzt werden, sagen Sie »Halt«. Beenden Sie die Situation. Sonst bleiben Sie im Hass vereint, nicht in Liebe.

Die Bindung zwischen Partnern, die durch Liebe und Sexualität vollzogen wurde, reicht weit. Weiter als über jede Scheidung hinaus.

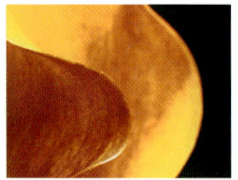

Weit hinein in die neue Partnerschaft oder in die Zeit allein. Das ist der wichtigste Grund dafür, eine gute Trennung ohne Verlierer zu finden.

Es gibt keine Alternative zum Aufräumen bei sich selbst. Jeder bei sich selbst. Fangen Sie jetzt damit an. Es tut Ihnen gut, Ihrem ehemaligen Partner und sicher auch Ihrem neuen Partner. Auch wenn das noch in weiter Ferne scheint. Sie brauchen niemandem Rechenschaft abzulegen, nur sich selbst. Haben Sie den Mut, glücklich zu sein.

Indem jede Form der Schuldzuweisung unterbleibt, gibt es die Möglichkeit zur Lösung. Nur so. Die Frau hat hunderttausend Gründe, warum es mit diesem Partner nicht klappen konnte. Der Mann hat hunderttausend Gründe, warum es mit dieser Partnerin nicht klappen konnte. Am Ende bleiben Verlierer. Nur wenn jede Form der Schuldzuweisung unterbleibt, können sich die Partner wirklich voneinander lösen.

Der Partner zeigt mir, was mich an mir stört, was ich nicht aushalten kann an mir. Indem ich den Partner kritisiere, zeige ich auf, was mir an mir nicht gefällt. Wenn ich penetrant ordentlich bin, wird mich die Unordnung des anderen stören. Indem ich immer penetranter werde, stört mich die Unordnung immer mehr. Indem ich Unordnung zulassen kann und in mein Leben hereinnehmen kann, ärgert mich die Unordnung der anderen weniger.

Die Streitthemen in der Partnerschaft sind meistens dieselben. Sie wiederholen sich, weil die Lösung beim anderen gesucht wird. »Wenn du ordentlicher wirst, geht es mir besser.« Da der andere keine oder wenig Veranlassung spürt, sich zu ändern, bleibt alles beim Alten. Zynismus und Verachtung gedeihen so.

Nur bei mir kann ich Veränderung oder ein versöhnliches Ende des Streites bewirken. Ich kann die Unterschiede akzeptieren. Unterschiedliche Meinungen stehen lassen: Wir kommen miteinander aus. Trotz unterschiedlicher Auffassungen und Standpunkte Kompromisse finden. Das gilt für die Zeit der Partnerschaft ebenso wie für die der Trennung. Was der Partnerschaft gut tut, tut auch den Partnern gut, die sich trennen.

Eigentlich wissen wir das alles, können dieses Wissen jedoch oft nicht in Situationen abrufen, die uns emotional stark packen. Kaum drückt der Partner den bekannten Knopf, geht schon wieder die Post ab ...

Wir haben beide ein neues Leben begonnen. Wir konnten eben nur nicht als Mann und Frau zusammenleben.

Was Sie davon haben, sich in Frieden zu trennen

Es ist viel Arbeit, eine Beziehung achtsam mit sich und dem anderen Menschen zu beenden. Viel Arbeit an sich selbst. Aber es geht. Ihr Anteil an einer Trennung in Liebe beträgt 50 Prozent. Die Hälfte des guten Willens einzubringen ist Ihr Job. Mehr geht nicht.

Sich in Frieden zu trennen bringt Kraft in das eigene Leben. Es bedeutet, sich selbst im Spiegel ungeschminkt wieder anschauen zu können.

Wenn Sie Kinder haben, werden Sie merken, dass viel Druck von den Kindern weicht. Kinder übernehmen unbewusst, aus Liebe, den Druck, der in vielen Partnerschaften herrscht. Die Kinder wollen nur eins: dass Mama und Papa sich vertragen. Nicht so wichtig ist den Kindern, ob die dabei verheiratet sind oder bleiben. Kinder spüren genau, ob ein heftiger Streit um die Sache geht oder ob versteckter, aufgestauter Hass auf den Partner in unsäglichen Auseinandersetzungen zu Tage tritt.

Aggression und Krankheiten sind oft die letzten Möglichkeiten für die Kinder, aber auch für die Eltern, um unerträgliche Spannungen auszudrücken. Kinder tragen eine große Last, wenn die Eltern nicht in der Lage sind, mit ihrer Partnersituation fertig zu werden.

Wenn Sie Ihre Beziehung nicht in Ordnung bringen können, wenn nichts hilft, beenden Sie diese in Liebe, Ihnen und Ihren Kindern zuliebe. Kinder brauchen die Sicherheit, nicht verlassen zu werden. Sagen Sie das klar und deutlich den Kindern, am besten gemeinsam mit Ihrem Partner. Reden Sie nicht drum herum. Sagen Sie, was ist. »Papa und Mama küssen sich nicht mehr. Wir haben beschlossen, uns zu trennen. Aber Papa und Mama sind weiter für euch da. Immer. Wie bisher, ein bisschen anders, aber vielleicht mit noch mehr Geduld und Liebe, für euch.«

Wenn auch die Zeit, die Sie mit Ihren Kindern verbringen, vielleicht weniger sein wird, können Sie und die Kinder sie nach gelungener Trennung mehr genießen als vorher.

Sie werden anfangs viel Unverständnis ernten. Vielleicht sind Ihre Eltern, Schwiegereltern aus dem Häuschen. Vielleicht versteht Sie keiner. Ihre Freunde werden aus allen Wolken fallen: »Die beiden? Aber bei denen schien doch alles in Butter ...« Die Geschwister werden rebellieren. Diese Reaktionen zeigen, dass viel bei den anderen angestoßen wird, sie spiegeln aber auch die Ängste und Unsicherheiten der Außenstehenden. Es ist üblich, auch mal bei anderen über den Partner zu schimpfen, das kennen Sie sicher? Aber dass ein Mann oder eine Frau wirklich handelt, die Konsequenzen zieht und sich trennt, die ganze Sicherheit aufgibt ... Das ist zu viel. Da wankt der Glaube, alles würde immer so weitergehen.

Sicherlich ist es schwerer, Stellung zu beziehen als nur weiterzumachen wie gehabt. Mehr vom Selben erhalten Sie an jeder Ecke. Mehr

Niemand ist stärker, ein Schicksa

von dem, was Ihnen gut tut, müssen Sie bestellen, im Sinne von »das Feld bestellen«, im Sinne von *tun*.

Deshalb prüfen Sie sich gut, ob es Ihr Weg ist. Keiner kann Ihnen die Verantwortung des Handelns abnehmen. Wenn die Not in der Beziehung groß genug war, ist sie Ihr bester Verbündeter. Dahin wollen Sie nie mehr zurück. Alles andere ist besser. Dann handeln Sie, in Liebe mit sich und den anderen, jetzt. Niemand ist stärker von Ihrer Not betroffen als Sie selbst, deshalb haben Sie die größte Motivation, die größte Kraft zur Änderung.

Nehmen Sie Ihre Autorität des Handelns zu sich, seien Sie für sich selbst verantwortlich. Kein Meister, Berater kann für Sie handeln. Ihre Entscheidungen bringen Veränderung. Es ist gut, sich Rat zu holen, sich beraten zu lassen. Aber nach dem Abwägen aller Informationen handle ich eigenverantwortlich und trage die Folgen.

Was verbindet in Trennung befindliche Paare, geschiedene Menschen noch so sehr, dass sie nicht voneinander lassen können und immer wieder im Streit zusammenkommen?

Sie sind im Unglück, im Leid verbunden. Es sind die offenen Rechnungen, die noch nicht ausgeglichen sind. Es sind die tiefen Wunden, die in unguter Sexualität und Verachtung zugefügt wurden. Vielleicht sind es von früheren Generationen übernommene Gefühle, die man chen Menschen zwingen, etwas auszugleichen, was Früheren geschah.

Wohin mit dieser Last? Was bringen Ihnen die Vorwürfe? Wenn die Beziehung von einem Partner beendet wird, kann der andere das nicht ungeschehen machen. Wenn einer aufhört, ist auch der andere gezwungen, einen neuen Weg zu gehen. Es tut weh, gezwungen zu werden. Aber kann ich verlangen, dass der andere sein Leben lang aushält, nur damit ich weitermachen kann?

Oft definieren wir uns über den Partner. Wir erleben die Aspekte unserer eigenen Lebensthemen in unseren Beziehungen. In der Partnerschaft drücken sich diese Aspekte als Ängste, unerfüllte Wünsche, Sehnsüchte, Hoffnungen aus. Diese Anforderungen kann kein Partner erfüllen. Wir werden unser Glück nie finden, wenn wir es vom anderen fordern, wenn der/die andere irgendwie sein muss, damit wir glücklich sein können.

Die leichtfertige Trennung

Was ist eine leichtfertige Trennung? Wie viel Leid muss gelitten sein, um sich trennen zu dürfen? Immer werden subjektives Urteilen und Wertung die Grundlage sein, um zu sagen, diese war eine leichtfertige Trennung, jene nicht. Oft »benutzen« Partner auch ihr Leid, um Trennung vor sich und anderen zu rechtfertigen.

Gibt es also die leichtfertige Trennung? Leichtfertig kann sie sein, wenn die Kinder Angst haben müssen, einen Elternteil zu verlieren. Leichtfertig kann sie sein, wenn beide

Eltern der Verpflichtung, ihren Kindern Schutz und Geborgenheit, Sicherheit und Liebe zu geben, nicht mehr nachkommen. Leichtfertig kann sie sein, wenn ich nicht bereit bin, die Folgen meines Handelns zu tragen.

Ist Leichtfertigkeit in Zeiteinheiten messbar? Wenn sich jemand schnell darüber klar ist, dass dies nicht die richtige Art von Beziehung ist, in der er leben möchte, ist dann seine schnelle Trennung leichtfertig? Bedarf es schwerwiegender Gründe wie körperlicher Gewalt, destruktiver Gefühle etc., um eine Trennung nicht leichtfertig zu nennen? Hat ein außenstehender Mensch überhaupt das Recht, eine Trennung als leichtfertig zu werten? Jeder muss sich selbst über die Folgen seines Handelns klar werden. Das reicht.

Bert Hellinger spricht vom Beziehungskapital, das sich mit der Häufigkeit der Beziehungen aufbraucht. Ich glaube, er meint damit die Bindungsstärke, Bindungsintensität, das Verpflichtungsgefühl gegenüber dem Partner. Ich glaube, dass mit jeder Beziehung etwas von diesem Beziehungskapital bei dem vorherigen Partner verbleibt. Manchmal mehr, manchmal weniger. Dieses Beziehungskapital, aus dem wir Kraft für das Zusammenleben und das Überwinden von Schwerem schöpfen, nimmt mit vielen Partnerschaften ab. Irgendwann haben wir dann nur noch die Kraft, mit uns selbst zurechtzukommen.

Ob eine Trennung voreilig war oder nicht, wird sich erst nach Jahren an den Folgen des Handelns oder Nichthandelns ablesen lassen. Wenn die unmittelbare Betroffenheit der Beteiligten abnimmt und ein Gegenüberstellen erlaubt: von dem, was gewonnen wurde, und von dem, was verloren wurde. Doch dann ist es geschehen und die Folgen sind zu tragen.

Wichtig ist es, sich im Vorhinein darüber klar zu werden, dass die Trennung der Partner ein schwerer Schritt mit weit reichenden Folgen ist, eben genauso wie die Bindung zu Anfang. Andererseits ist es gerade das Anliegen dieses Buches, Scheidungsfähigkeit und/oder Beziehungsfähigkeit herzustellen und Wege aufzuzeigen, die ein »gutes Sein miteinander« oder ein »gutes Sein ohne einander« zulassen.

Wenn einer der Partner anfängt, über die Partnerschaft zu reflektieren, ist höchste Achtsamkeit für die bisherige Beziehungsform angesagt. Partner haben einen guten Instinkt dafür, was passieren kann, wenn der oder die andere sich auf den Weg der Selbsterkenntnis, den Weg nach innen begibt. Die Beziehung in ihrer bisher gelebten Form steht auf dem Spiel. Aber es gibt die Möglichkeit, Veränderung im eigenen Leben zuzulassen oder auch nach einer Trennung gut miteinander zu sein. Die Reflexion des Lebens kann nicht verhindert werden. Weder bei mir selbst und schon gar nicht beim Partner.

Was Sie
davon
haben,
sich keine
Schuld zu-
zuweisen

Nach Schuld sucht nur, wer Eigenes nicht ansehen will.

Es darf keine Schuldzuweisung geben! Wenn Sie Trennung in Liebe wollen, suchen Sie nie nach Ursachen! Es gibt zu viele Gründe. Keiner weiß, ob die, die Sie finden, auslösend waren für die Trennung. Und es bringt gar nichts, nur Schuldgefühle. Wo Schuld ist, wird immer eine Ursache gesucht.

Verwenden Sie Ihre Kraft für die Lösung. Die Lösung liegt nicht in der Vergangenheit, sondern in Ihrer Liebe zu sich und dem Partner. Einer Liebe, die einmal da war. Erinnern Sie sich. Diese Liebe kann in der Krisen-, selbst in der Trennungssituation für beide das Seil sein, an dem Sie sich aus dem Sumpf der gegenseitigen Anschuldigungen herausziehen können. Entschuldigen Sie sich nicht für Ihren Willen, Wahrhaftigkeit in die Beziehung zu bringen. Lassen Sie sich auch nicht beschuldigen.

Nach Schuld sucht nur, wer Eigenes nicht ansehen will. Jeder Partner kann tausend Gründe finden, warum die Partnerschaft am anderen zerbrochen ist, tausend »gute« Gründe. Vergessen Sie die alle. Es bringt nichts, auch nur einen einzigen Vorwurf an den anderen zu richten.

Vorwürfe verwunden, werfen das Gute zurück, blockieren und verzögern den Heilungsprozess. Schuldzuweisung und Vorwürfe erschaffen sich selbst immer neu. Das bringt nichts. Zu meiner Schuld (im Sinne von Verantwortung), wenn ich etwas getan habe, kann ich mich bekennen. Das hat eine gute Wirkung. Die Schuldzuweisung versucht das eigene Beteiligtsein zu verdecken, indem der andere Mensch beschuldigt wird.

Wolf Singer, Direktor des Max Planck Instituts für Hirnforschung, Frankfurt/Main: »Wir müssen den Umgang mit Fehlverhalten, Schuld und Strafe überdenken.«

In einem Interview mit Harald Hohnen spricht Bert Hellinger über Versöhnung von Opfern und Tätern. Er nennt als das Wichtigste, dass beide auf das schauen, was geschehen ist. Dass die Opfer auf ihr Leid schauen und die Täter auf das Leid schauen, das die anderen erlitten haben. Beide sollten den Schmerz fühlen um das, was geschehen ist.

Wenn beide Partner bereit sind, den Schmerz zu fühlen, der durch ihre Trennung ausgelöst wurde, braucht der, der sich als Opfer fühlt, nicht anzuklagen. Und der, der sich als Täter fühlt, braucht sich nicht zu rechtfertigen oder zu leugnen. Die Verantwortlichkeit des anderen und das Benennen von Schuld ist dem gemeinsamen Schauen auf den Schmerz gewichen. Dann können beide darüber trauern, dass es anders geworden ist, als sie zu Anfang dachten.

Die Verantwortung zu sich nehmen

Es gibt keine Schuld! Könnte das sein? Dann kann ich niemanden anderen für mein Schicksal verantwortlich machen. Was ist das für eine Last! Aber was ist das auch für eine Befreiung! Ich bestimme, wie ich damit umgehe, wie ich das aufnehme, was mir geschieht, wie ich das werte (wenn ich überhaupt werte), was passiert.

Ich habe oft die Wahl, mich für oder gegen etwas zu entscheiden. Vieles kommt aber unverhofft auf mich zu. Ich muss mit Krankheit oder Verlust von geliebten Menschen umgehen, weil solche Schicksalsschläge in mein Leben treten. Aber ich entscheide, ob ich mich durch sie vernichten lasse oder ob ich mich daran aufrichte, ob ich die Kraft nutze, die eben auch in einem Schicksalsschlag steckt. Indem ich meine Wunden und Narben anerkenne, heile ich sie.

Dostojewskis Wort, »Ohne Gott wäre alles erlaubt«, meint auch: Wenn ich nicht die Verantwortung zu mir nehme, wer soll sie für mich tragen? Mich selbst kennen zu lernen, nicht nur, wie ich sein will, sondern auch, *wie ich bin, aber nicht sein will*, gehört zum Weg. Besonders und gerade in der Partnerschaft. Wenn ich erkennen lerne, dass Opfer und Täter ohne einander nicht sein können.

Dieser Weg zur eigenen Verantwortung kann auch mit der totalen Ablehnung solcher Gedanken beginnen. Ob jemand auf der Seite der Ablehnenden oder der Zustimmenden steht, darauf kommt es nicht an. Wichtig ist die Kraft, die uns zwingt, uns vehement auf die eine oder andere Seite zu stellen, z.B. für oder gegen Atomkraft zu sein. Dieser Kraft können wir uns nicht entziehen. Im Engagement sind Gegner und Befürworter gleich. Es ist wichtig, einen Standpunkt zu finden und einzunehmen. Wir können grundsätzlich, auch nach reiflicher Überlegung, den Standpunkt wechseln. Wir können lernen, den anderen Standpunkt zu achten. Aber wir können immer nur einen Standpunkt einnehmen.

Die Beschäftigung mit Verantwortung, Schuld, Projektion, Ehre, Anerkennung, Konsequenz, hilft mir, mich als den Mensch zu sehen, der ich wirklich bin. Der direkteste Weg zur Lösung aus Verstrickungen ist der Weg der Liebe. Auf diesem Weg kann mir klar werden, dass ich die Kraft habe, mir zu vergeben; dass ich die Kraft habe, meine Anteile zu mir zu nehmen; dass ich die Fähigkeit habe, bei mir zu bleiben und nicht am anderen »herumzuschrauben«. Dieser Weg ermöglicht mir, im anderen einen Menschen zu sehen, der in all seiner Unfähigkeit sein Bestes tut und gibt, im anderen jemanden zu sehen, der mit sich ringt und oft genug, wie ich selbst, unterliegt.

Indem ich aufhöre, etwas sein zu wollen, kann ich der Mensch werden, der ich bin.

Erich Fromm, *Vom Haben zum Sein*: »Oft ist der Gang zum Psychoanalytiker ein leichter Ausweg, um seine Probleme nicht selbst angehen zu müssen. Mit dem Ideal eines Lebens ohne Reibung, Leiden und Anstrengung geht der Glaube einher, dass das Leben keine Konflikte oder schmerzvollen Entscheidungen mit sich bringen sollte. (...) Wenn ein Mensch die Fähigkeit zu fühlen noch nicht vollständig verloren hat, wenn er nicht zum Roboter geworden ist, dann kann er es nicht vermeiden, schmerzvolle Entscheidungen treffen zu müssen. (...) Ähnliches gilt für die Probleme im Zusammenhang mit einer Scheidung. Die Entscheidung, sich von seiner Frau – oder von seinem Mann – zu trennen, ist eine der schmerzvollsten. Dennoch kann sie notwendig sein, um endlose Konflikte zu beenden. In einer solchen Situation denken Tausende, sie müssten analysiert werden, weil sie einen ›Komplex‹ hätten, der ihnen die Entscheidung so schwer mache. In Wirklichkeit haben sie oft andere Motive. Sehr häufig wollen sie einfach die Entscheidung hinausschieben mit der Rationalisierung, dass sie erst durch die Analyse herausfinden müssten, was ihre unbewussten Motive sind.«

Erich Fromm führt weiter aus, dass viele Paare über den Umweg Therapeut oder Psychoanalytiker versuchen, Zeit zu gewinnen, die Entscheidung hinauszuschieben, bis ein einsichtiger Grund gefunden ist, warum man sich scheiden lassen kann. Viele hoffen auch, dass der Analytiker ihnen die Entscheidung abnimmt. Er weist darauf hin, dass gerade die starke Position des Therapeuten oder Analytikers Entwicklung verhindert, indem der »Patient« von einer alten Bindung, sei es an Vater oder Mutter, in eine neue Bindung, die zum »wissenden« Therapeuten, wechselt.

Erich Fromm schreibt weiter: »Eine weitere Gefahr bei konventionellen Psychoanalysen liegt darin, dass der Patient oft nur vorgibt, sich ändern zu wollen. Leidet er an einer unglücklichen Beziehung, so ist es nur verständlich, dass er seine Symptome loswerden möchte. Wer wollte das nicht? Aber er ist nicht willens, den Schmerz und die Qualen zu ertragen, welche untrennbar mit dem Prozess des inneren Wachstums und des Unabhängigwerdens verbunden sind. Wie löst er dieses Dilemma? Indem er der ›Grundregel‹ folgt und alles, was ihm in den Sinn kommt, ohne Zensur sagt, erwartet er, ohne Schmerz, ohne Anstrengung, geheilt zu werden. Er glaubt also an eine ›Heilung durch Reden‹. Aber so etwas gibt es nicht. Ohne Anstrengung und ohne Bereitschaft, Schmerz und Angst zu durchleben, kann niemand wachsen.«

Auslaufmodell Ehe?

Statistik: In den USA wird jede zweite Ehe geschieden. Das liegt auch daran, dass ein Zusammenleben ohne Trauschein, wie in Europa oft üblich, nicht so verbreitet ist. In Deutschland wird jede dritte Ehe geschieden. Hinzu kommen die nicht ehelichen Beziehungen, die seit vielen Jahren bestehen und in keiner Statistik auftauchen.

Der Bund fürs Leben ist oft mit Sehnsüchten verbunden, die unerfüllbar sind. Folge ist die Ent-Täuschung, die auf diese Täuschung folgt. Die ideale Partnerschaft, gibt es sie? Wenn es sie je gegeben hat, dann war sie erarbeitet von den Partnern. Mit Geduld, mit Verständnis für den anderen, mit viel Liebe und Mitfühlen, Klarheit, Zeit füreinander, mit Tränen über den Schmerz und über das, was nicht zu erreichen war. Mit dem Wissen und der Erfahrung, dass ein Streit reinigt, dass auch Streiten gelernt sein will. Wenn ich mich traue, »böse« zu sein, kann das die Beziehung retten!

Beziehung ist ein Reifeprozess. Die Beziehungsform der Ehe scheint für viele nicht mehr erstrebenswert. Dies liegt nicht an der Institution Ehe. Sondern daran, dass wir nicht gelernt haben, mit Beziehungen umzugehen. Wir haben nicht gelernt, mit uns selbst umzugehen. Aber das ist keine Entschuldigung, sondern die Aufforderung, Licht in dieses Beziehungsdunkel zu bringen. Letztlich ist dieses Licht nur durch Leben, das Erleben, das Durchleben unseres Le-

Wir waren grenzenlos verbunden.

bens möglich. Das Leben ist die beste Therapie. Der Ansatz, sich in Liebe zu trennen und aus einer Liebe eine Freundschaft werden zu lassen, ist ein Weg unter vielen. In Liebe Klärung zu suchen. Ohne Schuldzuweisung zu handeln. Vergangenen Schmerz vergehen zu lassen. Chancen zu erkennen. Sich an den guten Möglichkeiten für alle orientieren. Dahin soll der Weg führen. Für die Partner und deren Kinder.

Leben Sie ruhig weiter, wir machen den Rest ...

So oder so ähnlich entwirft die Werbewirtschaft ein Bild vom idealen Leben, das jeder von uns gerne leben würde. Gute Slogans. Schnelle, glückliche Bilder von harmonie-, glücks-, erfolgsverwöhnten Menschen. Das leichte Leben wird angeboten. Spaßgesellschaft. Easy living. Ohne Probleme. Als wäre Leben ein Werbefilm. Eine Familie sitzt im neuen Großraumwagen. Die Partner strahlen, die Kinder lachen, alles in Butter, so scheint es.

Nach dem 15-mal geprobten Werbespot verlassen die Akteure den Ort dieser künstlichen Harmonie: Die Kinder gehen zu ihren richtigen Eltern, die schwitzend neben den Aufnahmewagen warten und stolz sind, ihr Kind bald im Fernsehen zu sehen. Die Eltern-Darsteller, die aus Agenturbüchern ausgesucht wurden, um eine ideale Retorten-Familie darzustellen, holen ihre Handys, um ihre wirklichen Partner anzurufen.

So wird uns eine Wirklichkeit angeboten, eine Kunstwirklichkeit, genannt Werbefilm. Natürlich denkt niemand daran, diese Kunstwelt für real zu halten. Aber in unseren Gedächtnissen, in unserem unterbewussten Sein, bleibt das Verlangen nach diesem Glück, nach dem problemlosen Alltag in Harmonie, ein Verlangen nach dem Paradies.

Ist unser Leben so? Kennen Sie eine/n, der oder die wirklich so lebt? Es ist eine Wunschvorstellung von Sorgenfreiheit und Problemfreiheit.

Wir jagen einer Soap-Welt nach, als hätten wir einen Anspruch auf Gesundheit, Wohlstand, Sorgenfreiheit, als wäre unser eigenes Leben mit seinen Problemen, seiner Langeweile und Unsicherheiten ein Ausrutscher.

Wir leben in dem Spannungsfeld, dass Liebe zum einen ein hoher Wert in der Gesellschaft ist, zum anderen aber ständig mit Liebesersatz kompensiert wird wie z.B. mit Arbeit, Nikotin, Alkohol, Geld, Macht, Sex, Besitz, Statussymbolen etc. Wir schaffen im Außen Werte, die gut und wichtig sind, lassen es aber dabei und bringen es nicht fertig, Werte im Innen zu schaffen.

Was bringt uns Krieg in der Beziehung, bei Trennung?

Beziehungskrieg ist die schlechteste aller Lösungen. Darin sind sich alle einig. Also warum gibt es dann noch Krieg? Weil oft einer nicht nachgibt und den anderen dadurch zwingt zu kämpfen. Es sind noch Rechnungen zu begleichen. Sie haben die Wahl, ob Sie es im Krieg oder im Frieden miteinander lösen wollen.

Wollen Sie einen Sieg erringen über Ihren Partner, den Sie einst liebten? Hat Ihnen Ihr Partner so wehgetan? War es bis heute unmöglich, darüber zu reden? Auch Sie haben Ihren Anteil daran. Die Hand mit dem Zeigefinger, gerichtet auf den anderen, zeigt mit drei Fingern auf mich

zurück. Die Lösung beginnt da, wo ich Anteile bei mir lassen kann, die nicht förderlich waren und Anteile beim Partner lasse, die nicht förderlich waren.

Holen Sie sich Hilfe bei Beratungsstellen, Therapeuten, neutralen Moderatoren wie Mediatoren. Das sind z.B. Rechtsanwälte, die geschult sind, mögliche Wege der Einigung ohne Verlierer zu finden. In gleichen Teilen, ausgewogen! Aber intime Details der Beziehung sollen ausschließlich zwischen den betroffenen Partnern besprochen werden, nicht mit Dritten. Alles andere ist ein grober Vertrauensbruch. In-

Die Liebe, die beide einst zusammenführte, ist der Schlüssel, um eine liebevollere Zeit für beide zu beginnen. Getrennt oder vereint.

times muss bei den Partnern bleiben. Intime Details belasten Freunde, Freundinnen, Kinder, besonders neue Partner, dort wirken sie trennend! Es hilft Ihnen nicht, mit Dritten darüber zu reden. Der Gang zum Berater kann immer nur ein Anstoß sein, um ungewollte Situationen zu verändern. Eine wichtige Außenperspektive auf die eigene Situation, ein Tipp von einem externen Beobachter. Letztlich liegt es dann bei den Partnern, eine Veränderung ihres Zustandes herbeizuführen. Erst die Anerkennung der Eigenverantwortlichkeit für die vorhandene Situation gibt die Kraft für eine wirkliche Veränderung.

Sie können den Weg der Trennung in Liebe nur in gegenseitiger Achtung gehen. Sollte Achtung nicht mehr möglich sein, beenden Sie den destruktiven Kontakt. Reden Sie nicht mehr über Vergangenes. Beenden Sie die schmerzvolle Verbindung mit der Aussicht, später mit mehr Distanz zu einer Lösung zu kommen, die beide akzeptieren können. Expartner bleiben im Unglück aneinander gekettet. Nur eine gute Lösung für alle bringt Ruhe. Oft glauben wir nicht mehr daran, das schaffen zu können. Dieses Buch will Ihnen Mut machen, den mühevollen Weg zu einer sinnvollen Lösung weiterzugehen.

Der Projektionsvorgang ist dem Sehvorgang innewohnend, anhaftend. Das bedeutet, wir verändern, werten, projizieren, was wir sehen. In der Psychologie bedeutet projizieren, die eigenen Befürchtungen, Ängste, Illusionen und Visionen auf den anderen zu übertragen. Unsere Ängste spiegeln sich im anderen. Oft sind auch die Aggressionen, die wir vom anderen fürchten, unsere eigenen verborgenen Aggressionen.

Statt bei uns selbst nachzusehen, was bei uns Angst oder Aggression auslöst, gehen wir auf den Partner los. Es ist am schwersten, bei sich selbst anzufangen. Wir bekommen, was wir brauchen, das bedeutet: Wir müssen uns am Bild des anderen, des Partners, mit den Themen auseinander setzen, die wir an uns selbst am meisten ablehnen. Was uns am anderen nicht passt, hat zuerst mit uns zu tun. Ändern wir unseren Umgang mit unserer Enge, dann brauchen wir den anderen nicht zu ändern, was im Übrigen ja auch nicht geht. Schon gar nicht durch Kritik. Wir handeln in Mustern, wenn unsere Reaktionen automatisch, emotional geladen, zwanghaft sind und wir immer recht haben wollen.

»Der einzige Grund, Verhalten bei einem anderen zu kritisieren oder abzulehnen, ist der eigene unerledigte Anteil daran.« (Dietrich Klinghardt)

Kein Meister kann
für Sie handeln.

WAS ICH TUN KANN

Lösungsmöglichkeiten

Mit der Beantwortung der folgenden Fragen beginne ich meinen Zustand von verschiedenen Seiten zu betrachten und Lösungsmöglichkeiten zu finden:

1. Wann ist dieser Zustand eingetreten?
   _____
   _____

2. Was haben ich und andere in dieser Zeit durchgemacht?
   _____
   _____

3. Was mache ich gut in meinem Leben?
   _____
   _____

4. Was könnte ich tun, um von dem Guten mehr zu haben?
   _____
   _____

5. Wenn ein Zauber gelänge und ich auf einen Schlag, sozusagen über Nacht, dieses schwierige Problem los wäre,
   a) woran würde ich das merken? b) woran würden andere dies merken?

a) _____
b) _____

Jetzt mal anders herum:
Verschlimmerungsfragen sollen mir zeigen, was ich tun müsste, damit sich nichts ändert.

6. Was müsste ich tun, um diesen Zustand noch eine Weile zu behalten?
   _____
   _____

7. Wofür könnte es gut sein, diesen Zustand noch eine Weile zu behalten?

_____

_____

8. Was würde sich verschlechtern, wenn dieser Zustand weg wäre?

_____

_____

9. Wie lange will ich diesen Zustand noch mit mir herumschleppen? Wie lange wäre es noch zu früh zum Handeln?

_____

_____

10. Was müsste ich tun, damit alles wieder so schlimm wird, wie es war?

_____

_____

11. Woran würde ich merken, dass diese Situation gelöst ist?

_____

_____

12. Woran würde mein Partner merken, dass diese Situation gelöst ist?

_____

_____

13. Woran würden andere Beteiligte merken, dass die Situation gelöst ist?

_____

_____

Beantworten Sie die Fragen für sich schriftlich und wahrheitsgemäß.

Im Streit verbunden – von der Liebe getrennt

Im Unglück verbunden. Immer wieder werden die alten Themen aufgekocht, werden Bagatellen zum Anlass genommen, »den großen Streit« vom Zaun zu brechen. Vielleicht ist tatsächlich eine Mauer zwischen Ihnen und dem Partner entstanden. Die vielen Sticheleien, der Rucksack voller Hass. Der Kloß im Hals, der die Kehle versperrt, der das freie Atmen unmöglich macht. Die zusammengeschnürte Kehle, zusammengeschnürt von der Unfähigkeit, die Gefühle auszudrücken, zu zeigen, weil doch dadurch alles nur noch schlimmer würde ... Weil doch alle stillhalten ... Weil doch keiner was sagt, vielleicht liegt es doch wirklich nur an mir ...

Es ist auch wirklich schwer, in einer Zeit ohne Zeit, sich Zeit zu nehmen, um miteinander Zeit zu haben ... Wir sind es nicht gewohnt, uns Zeit zu nehmen füreinander. Arbeit, Freizeit, Hobbys, alles Beschäftigungen, die Zeit brauchen. Der Wunsch: Einfach mal da zu sein, ohne etwas zu müssen. Dem anderen zuhören, ihn/sie achten in seinen/ihren Gedanken. Ein würdiger Gesprächspartner sein, der eines gibt: Zeit. Wir haben so viel Zeit, wie wir uns nehmen. Ich achte meine Bedürfnisse! Stimmt dieser Satz für Sie? Achten Sie, was Sie brauchen? Jetzt ist ein guter Zeitpunkt, damit anzufangen.

Liebe ist genug für alle da.

... be nice
to your needs ...

In Angst verbunden –
von der Liebe getrennt

Was ist Angst? Eine Definition aus der Psychologie: »Angst ist eine starke unlustgetönte Emotion, entweder bei drohender tatsächlicher Gefahr oder als quälender grundloser Dauerzustand. Philosophisch gesehen ist Angst die Negation des Rechts auf Welt. Begegnung mit dem Nichts (Heidegger), dem Schrecken der plötzlichen, absoluten Freiheit (Kierkegaard), die totale Zurückgeworfenheit auf sich selbst (Sartre). Angst ist eine Grundbefindlichkeit des menschlichen Daseins.« (aus *Psychologie*, Bertelsmann Lexikon Verlag)

Der Psychoanalytiker Horst Eberhard Richter spricht von »vagabundierenden Ängsten«.

Die Vermeidung ist ein Merkmal der Angst. Die Furcht davor, hinzuschauen. Das zu benennen, was mir wehtut, was mich ängstigt, was mich einengt, was mich klein macht. »Angst« stammt vom lateinischen Wort *angustus* = eng, knapp, schmal. Angst entsteht durch eine Vorstellung. Angst ist bei uns meistens nur im Kopf. Angst bekomme ich, wenn ich wegschaue. Wenn ich hinschaue, verfliegt die Angst. Angst haben die, die nicht direkt betroffen sind.

Unser Arbeitslohn ist oft der »Lohn der Angst«. Der Angst, entlassen zu werden, das wichtige Projekt nicht erfolgreich abzuschließen, als Selbstständiger keinen neuen Auftrag zu bekommen. Ob die Finanzierung klappt ...? Ob die Versicherung zahlt ...? Wir sind in Abhängigkeiten vom Arbeitgeber, vom Kunden, vom Geschäftspartner. Abhängigkeit ängstigt. Ohnmacht ängstigt. Auch Abhängigkeit vom Partner ängstigt. Erst im letzten Jahr des alten Jahrtausends wurde ein gesetzliches Recht geschaffen, das der Ehefrau oder Partnerin ein Recht darauf einräumt, zu wissen, was der andere verdient. Bei Trennung oder Neuordnung der Partnerschaft ist die Angst ein ungebetener Gast. Angst zu haben, gilt bei uns als Ausdruck von Schwäche. Deshalb unterdrücken wir unsere Angst. Statt die Ängste anzuschauen begeben wir uns auf den Weg der Kompensation über Erfolg und Bestätigung. So entkommen wir der Angst nicht.

**Wer den Knoten nicht kennt,
kann ihn nicht lösen.**

Aristoteles

In Verachtung verbunden – von der Liebe getrennt

Verachtet wird, wenn nicht geachtet wird. Verachtung ist ein Machtinstrument, um gefügig zu machen. Verachtung wird aus falschem Anspruch geboren.

Söhne verachten ihre Väter, z.B. weil sie nicht das Zeug fürs Leben mitbekamen oder nicht gelobt wurden, worauf sie meinten einen Anspruch zu haben. Töchter verachten ihre Mütter, z.B. weil sie sich nicht das Muttersein abschauen konnten. Frauen verachten ihre Männer, z.B. weil ihre Männer nicht mit ihnen reden. Männer verachten Frauen, weil sie anders sind und sie sie nicht verstehen können. Chefs verachten Mitarbeiterinnen, indem sie sie nicht als gleichwertig ansehen. Väter verachten ihre Söhne, weil sie noch nicht ihren Erwartungen entsprechen. Und so fort.

Das Schema der Verachtung hat uns nur Leid gebracht. Weg damit. Frauen sind mit ihrer Frauenbewegung Männern um Jahrzehnte voraus. Frauen realisieren immer mehr, dass sie sich nicht mehr unterdrücken lassen wollen. Frauen sind auf dem Weg. Wir Männer haben leider noch wenig gemerkt. Noch nicht mal ein Unwohlsein wollen wir uns eingestehen. Unwohlsein im Job, in der Sexualität, in der Beziehung mit unseren Kindern ...

Indem ich als Mann sage, was mich bedrückt, kann ich Verachtung unterlassen. Indem ich andere nicht kleiner mache durch meine Verachtung, kann ich wachsen. Indem ich an meinem Wachsen arbeite, können die anderen so bleiben, wie sie sind. Gleichwertigkeit, Freude an der Arbeit, die Lust an der Lust zu zweit, zurückfinden zu dem, was wir wirklich wollen, was uns gut tut, das sind gute Mittel gegen Verachtung. Dazu bedarf es der Achtung vor mir selbst, dem Partner, den Eltern, den Kindern, den Geschäftspartnern und Kollegen. Diese Mittel brauchen Zeit und eine Not, die uns als Motor antreibt und aus der Gewissheit entsteht: »So kann ich nicht mehr weitermachen.« Für viele ist eine Umkehr möglich und Trennung nicht nötig. Wenn die Entfremdung schon zu groß ist, der Partner nicht mitmacht oder nur so tut als ob, kann Trennung in Liebe ein Weg sein.

Die Angst anschauen, die Liebe sehen können

Verena Kast weist in ihrem Buch *Abschied von der Opferrolle* darauf hin, dass ängstliche Menschen sehr oft jemanden suchen, der für sie steuert. Gesteuert werden bedeutet aber immer, nicht selbst zu steuern. Das ist bequem und lässt eigentlich keinen Spielraum für Klagen. Wenn ich will, dass der andere steuert, werde ich dort ankommen, wo der andere hin will, ich kann also nicht klagen: »Das wollte ich nicht«, ich kann nur akzeptieren.

Besser ist es, selbst zu steuern – so kann ich meine Angst verringern. »Angst entsteht angesichts einer gegenwärtigen oder zukünftigen, realen oder auch nur vermuteten Bedrohung. Sie ist eine zu jedem menschlichen Leben gehörende Emotion, die sinnvoll ist, wenn sie Handlungen zur Bewältigung solcher Situationen fördert, sei es, dass man die Bedrohung beseitigt, sei es, dass man ihr entflieht.« (aus *Psychologie*, Bertelsmann Lexikon Verlag)

Wenn Wegschauen Angst fördert, führt Hinschauen zu weniger Angst. Angst ist oft auch ungelebter, nicht ausgedrückter Ärger. Es hilft, Ärger auszudrücken oder sich über den Sinn meines Ärgers klar zu werden.

Nur die Angst kann verschwinden, die wir angesehen haben.

Nur die Angst kann verschwinden, die wir angesehen haben. Wenn ich Angst anschaue, wird sie kleiner.

Angst, allein gelassen zu werden. Angst, die Verantwortung für mein Leben zu übernehmen. Es gibt tausend schlechte Gründe für meine Angst.

Was meint »Angst anschauen«? Ein Beispiel: Angst vor der Trennung. Was passiert mir, wenn ich getrennt bin? Ich verliere meinen Partner. Ich muss selbst für mich sorgen. Vielleicht muss ich das Haus verkaufen. Ich muss Konsequenzen ins Auge blicken, die ich alle nicht anschauen müs-

Bin ich bereit, die Not zu wenden?

ste, wenn es so bliebe, wie es ist. Das ist der Schlüssel: Will ich, dass alles so bleibt, wie es ist, und nur der Partner sich ändert? Bin ich bereit, die Not zu wenden? Ich handle in Achtung vor mir und dem anderen. Ich weiß, dass wir beide unser Bestes tun, jeder nach seinen Möglichkeiten.

Trennung in Liebe verurteilt keinen von beiden Partnern. Trennung in Liebe sieht die Situation der beiden Partner, der beide nicht ausweichen konnten. Die Angst anschauen. Die Liebe sehen können. Die Gedanken, die wir wählen, schränken uns entweder ein oder schaffen neue Möglichkeiten. Was wir denken, hat auf jeden

Fall Folgen für uns. Wir haben die Wahl, ob wir in guten Gedanken über unsere Partnerschaft bleiben oder im Schmerz versinken! Wem hilft das Klagen? Es bringt nichts zurück. Vielleicht bringt es die Verachtung des Partners. Der Lebenswind kommt von vorn. Durch das, was ich jetzt denke, wie ich jetzt mit mir und der Vergangenheit umgehe, lege ich den Grundstein dafür, wie es morgen weitergeht. Wie kann ich anderes ernten, als ich säe? Ist schon einmal aus einem Buchensamen eine Kastanie geworden?

Man bekommt meist den Partner, den man braucht, um mit ihm/ihr wachsen zu können. Genau den richtigen Partner, um sich selbst zu erkennen. Dieses Wachsen und Erkennen geschieht umso intensiver, wenn es ernst wird, z.B. bei der Geburt der Kinder oder bei Trennung.

Wollen Sie weiter leben »als ob«? Liebe kann nie so tun »als ob«. Die »Als ob«-Liebe ist sofort als Heuchelei erkennbar. Entscheiden Sie sich für eine Beziehung in Liebe oder eine Trennung in Liebe.

Wir schauen in den Spiegel und sehen meist, was wir fühlen, nicht, was wir sind. Es bedarf einiger Übung, hinzuschauen, wieder empfindsam zu werden für sich und den Partner. Was Sie in der Beziehung mit Ihrem bisherigen Partner an Problemen nicht lösen konnten, ist nicht weggezaubert. Damit geht es in der nächsten Beziehung weiter, es verschwindet nicht einfach durch Trennung.

Was war der Ursprung für das Ende unserer Partnerschaft? Wer war schuld?

»Wie konnte das nur alles so kommen? Wir hatten uns so gern. Es war am Anfang so schön ...« »Aber dann fing er plötzlich mit ... an«. »Ich konnte ihr ständiges ... nicht mehr ertragen.« So und so ähnlich hört es sich oft an. Wer ist schuld? Er, sie, vielleicht die Kinder, der Job. Das Zuviel oder das Zuwenig, die Umstände, die Benachteiligungen der Herkunft, die Bildungschancen, der Chef, die anderen ...

Wir merken, damit kommen wir nicht weiter, Schuldzuweisungen. Es ist meine freie Entscheidung, wo ich die Ursache für mein Unglück in der Partnerschaft suche und finde, ob beim anderen oder den Umständen oder bei mir.

Was hilft? Gehen Sie weg vom Unglück! Wir haben keinen Anspruch auf Unzufriedenheit, Genervtsein, Unglücklichsein. In unserer analytischen Welt, in der es für keinen ein Problem ist, die Wegstrecke von A nach B zu beschreiben und entsprechend zu handeln, scheint es uns immer wieder unmöglich, unser Glück zu sehen. Anzusehen, was gut ist.

Manche denken: Wenn es um Schuld und Unschuld in Beziehungen geht, sind eigentlich alle Beteiligten irgendwie schuld. Eigentlich trägt jeder die Verantwortung, denn es geht doch nur noch um Wechselwirkungen. Weitergedacht könnte man dann auf die Idee kommen, dass keiner mehr wirklich verantwortlich ist. Das ist schlicht und einfach falsch. Es stimmt, dass wir unentwegt von Wechselwirkungen in Beziehungen betroffen sind. Es stimmt nicht, dass wir darauf keinen Einfluss haben. Wir sind Teil des Systems Familie und beeinflussen es – ob wir wollen oder nicht – mit. Wir sind nicht ohnmächtig und nicht allmächtig. Wir sind nicht nur autonom oder nur abhängig vom Partner, der Familie.

Es gibt Geschehnisse, die wir als Unglück definieren. Jeder tut das. Die Unglücklichen mehr und länger, die Glücklicheren lassen das unglückliche Ereignis nicht so nah an sich heran und lassen es nicht so lange wirken. Die Glücklicheren identifizieren sich nicht mit Pech (»sind« nicht das Pech), sondern sehen es als Geschehnis, mit dem sie umgehen können. Der Schmerz ist da, ich handle angemessen, tue mein Bestes, was mehr könnte ich tun?

Ich orientiere mich an der Lösung, wenn ich den Tatsachen gerecht werde. Das Gute zu finden auf meinem Weg: Das könnte der Leitspruch sein, für die Beschäftigung und Reflexion mit meiner Beziehung. Die Therapeuten Edward W. Beal und Gloria Hochman vertreten in ihrem Buch *Wenn Scheidungskinder erwachsen sind* die Überzeugung, dass der Hauptgrund für Probleme in Beziehungen darin liegt, dass die vorausgegangenen Beziehungen nicht bearbeitet wurden.

Ich kann mein Leben ändern. Ich entscheide, ob ich unglücklich sein will oder nicht. Jetzt. Ich habe keinen Anspruch darauf, unglücklich zu sein! Aber ich habe ein Recht darauf, meine Situation klar anzuschauen, Halt zu sagen und sie zu verändern. Aus Liebe zu mir!

Viele haben Ähnliches selbst schon erlebt: Das als so erdrückend groß erlebte Unglück wurde klein, als der noch größere Schicksalsschlag kam. Und als dann das größte Unglück, der Tod eines geliebten Menschen, kam, waren die schweren Unglücksfälle davor ganz klein. So fühlen wir uns fortwährend unglücklich. Wir haben eine subjektive Hierarchie der »schlimmsten Unglücksfälle« entworfen. Die Abwesenheit von Unglück empfinden wir schließlich schon als Glück. Deshalb geben wir uns damit zufrieden, dass es nicht noch schlimmer gekommen ist.

Das ist der Selbstbetrug in unseren Köpfen. Wir sind nicht bereit hinzuschauen. Es tut so weh.

Retten Sie Ihr Leben, es wird nie ein anderer tun!

Verlieren Sie nie die Zuversicht! Unser menschliches Sein ist in etwas Größerem aufgehoben. Dieses Größere kann ich nicht beschreiben, aber ich kann es erfahren, z.B. im Gebet, in Meditation, in Reflexion. Was ich dazu tun muss, ist mich öffnen! Heilung für möglich halten!

Der finnische Analytiker Martti Siirala: »Wir fühlen uns schuldig, weil wir unser Potenzial im Leben nicht ausschöpfen, uns nicht so sehr zu den Menschen entwickeln, die wir eigentlich sein könnten.«

Es gibt nicht die *eine* Ursache für das Gelingen einer Partnerschaft, das Misslingen einer anderen. Wir können die Umstände verbessern, etwas dazu tun, aufmerksam auf uns und den Partner werden. Aber es liegt letztlich nicht in unserer Macht, ob die Beziehung hält oder nicht. Zu viele Einflüsse aus verschiedenen Sphären wirken auf eine Partnerschaft ein. Deshalb brauchen Sie auch keine »Absolution« von Ihrem Partner, wenn Sie ihn verlassen. Er/sie könnte sie auch nicht geben. Und Sie dürften diesen Freispruch auch nicht annehmen, weil Sie beide danach nicht mehr gleichwertig wären.

Der zurückgelassene Partner hätte dann immer ein Machtmittel über den anderen, denn er könnte den »Freispruch« geben oder verweigern ... Wird begonnen, den, der geht, und den, der zurückbleibt, in Täter und Opfer aufzuteilen, ist es gut, ganz genau hinzuschauen.

In *Der Prophet* spricht Khalil Gibran »Von Schuld und Sühne«: »Und wie ein einzelnes Blatt nicht ohne das stille Wissen des ganzen Baumes vergilbt, so kann der Übeltäter kein Unrecht tun ohne den verborgenen Willen von euch allen. (...) Und noch dies, mögen die Worte euch auch schwer auf dem Herzen liegen: Der Ermordete ist nicht ohne Verantwortung an seiner Ermordung, und der Beraubte ist nicht schuldlos an seiner Beraubung. Ja, der Schuldige ist oft das Opfer des Geschädigten, und noch öfter ist der Verurteilte der Sündenbock für den Schuldlosen und den nicht Beschuldigten. Ihr könnt nicht den Gerechten vom Ungerechten trennen und nicht den Guten vom Bösen; denn sie stehen zusammen vor dem Angesicht der Sonne, wie der schwarze und weiße Faden zusammengewebt sind. Und wenn der schwarze Faden reißt, wird der Weber das ganze Gewebe prüfen und auch den Webstuhl untersuchen. Wenn einer von euch die untreue Ehefrau zur Anklage bringt, soll er auch das Herz ihres Ehemanns in die Waagschale legen und seine Seele mit gleichem Maß messen.«

Gehen wir nach vorne, jeden Tag neu.

Beziehung ist Entwicklung

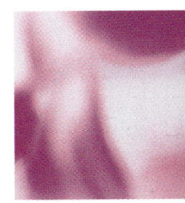

Wir könnten Entwicklung vom Herzen her zulassen.

Eine Falle, in die wir nur allzu gern stolpern: Wir sehen vor, bei und nach der Trennung nur noch die schlechten Anteile des Expartners. Das ist einseitig. Wo ist der Anteil, in den wir uns verliebten? Unsere Beziehung ist ständig im Wandel. Wir haben die Möglichkeit, ständig eine Verbesserung herbeizuführen. Zumindest, was unseren Anteil an der Beziehung betrifft. Welche Anteile des Expartners *wollen* wir sehen? Die Beziehung ist nicht zu Ende nach einer Trennung, wir stehen auch danach noch immer zueinander in Beziehung. Besonders tiefgreifend dann, wenn wir gemeinsam Eltern sind.

Die Beziehung zum Partner kann sich verbessern, wenn es sein darf, dass eine Trennung für uns besser ist als das Zusammenbleiben. Es geht darum, nicht mehr so weiterzumachen, wie es war. Trennung in Liebe soll eine Verbesserung für alle bringen. Niemand kann der bleiben, der er ist. Aber jeder kann der werden, der er sein kann. Meine Trauer über die Trennung ehrt die Beziehung. Trauer darf sein. Und sie darf vorbeigehen.

Partnerschaft bedeutet, sich mit sich und dem anderen auseinander zu setzen, die Herausforderung anzunehmen, Stellung zu beziehen, Klarheit für sich und die Beziehung zu finden, sich einzugestehen, dass ich Fehler gemacht habe, mache und machen werde. Sich

nicht über den anderen zu stellen, gleichwertig sein, Kontakt zu halten, zu wissen und zu spüren, was ich brauche. Standhaft zu sein, Respekt zu geben und zu fordern, Grenzen zu setzen, klar zu machen, was ich will. Eine klare Haltung einzunehmen, sich und dem anderen Fehler zu erlauben, Standpunkte einzunehmen, aber den gegensätzlichen Standpunkt zu respektieren, anzuerkennen, dass die Beziehung oft ein Sowohl-als-auch ist, manchmal aber auch ein klares Nein oder aber ein klares Ja braucht.

Eine Trennung ist auf keinen Fall eine Entschuldigung dafür, nicht mehr den Werten, die ein Vater oder eine Mutter einzubringen haben, gerecht zu werden. Trennung in Liebe ist für alle wichtig! Kinder brauchen beide, Vater und Mutter. Kein Elternteil kann sich aus seiner Verantwortung herausreden. Eine getrennte Ehe ist auf keinen Fall ein Grund dafür, die Kinder hängen zu lassen. Will entweder der Vater oder die Mutter nach der Trennung sich nicht mehr um die Kinder kümmern, ist das oft der stille Vorwurf an den Expartner. Aber es ist noch mehr, es ist die grausame Rache an den Schwächsten in der Familie, den Kindern. Es ist aber auch der laute Hilfeschrei des Getrennten, oft Abgetrennten: »Es tut so weh …!«

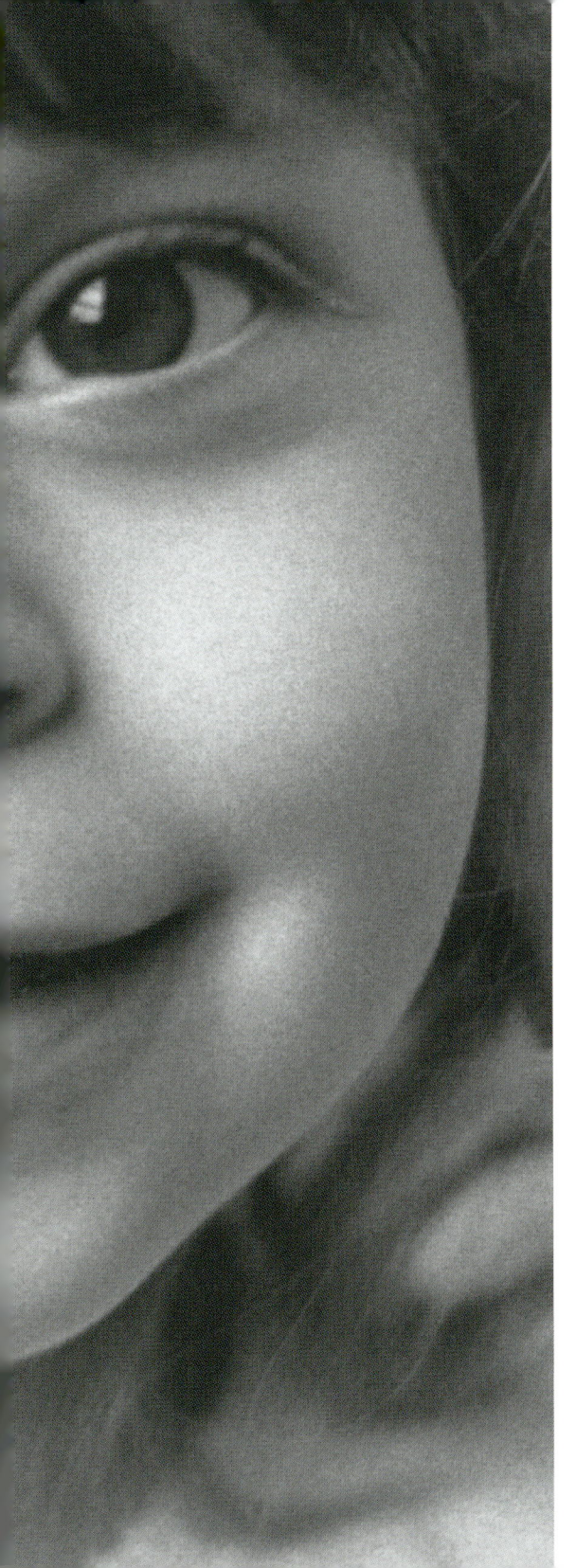

Den
Kindern
zuliebe
…

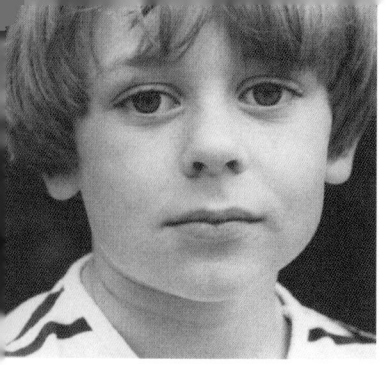

»Eure Kinder sind nicht eure Kinder.« Damit drückt Khalil Gibran in *Der Prophet* wunderbar aus, was unsere Kinder für uns sind, was wir ihnen geben können und was nicht. Wir sind verbunden durch und mit unseren Kindern. Wenn unsere gemeinsamen Kinder in Not sind, rücken wir Erwachsenen wieder näher zusammen, selbst wenn es vorher großen Streit oder Trennung gab. Das ist gut so, aber die Frage ist, warum das nur in der Not geht.

Seien wir so erfinderisch, unsere Herzen wieder füreinander zu öffnen. So können wir z.B. vermeiden, dass Kinder krank werden müssen, damit Papa und Mama wieder miteinander reden. Wie unser Partner sind auch unsere Kinder nicht unser Besitz, sondern uns nur anvertraut. Sowohl eine vollständige Trennung wie eine völlige Verbundenheit sind beides unerträgliche Zustände, die kein Mensch länger aushalten kann. Das Ziel könnte sein, durch Ausprobieren eine passende Zwischenform zu finden und so unsere Ideen und Ideale zu verfolgen, was den Umgang mit den Kindern betrifft.

Unsere Kinder wollen nur eines: ihre Eltern in Frieden miteinander sehen.

Dabei spielt es keine Rolle, ob die Eltern weiterhin zusammen oder getrennt sind. Ob neue Partner da sind oder nicht. Die Kinder wünschen sich nur eines: einen friedvollen Umgang miteinander. Das können wir von unseren Kindern lernen.

Oft müssen Kinder für Projektionen der Eltern herhalten, wenn es darum geht, eine unglückliche Ehe aufzulösen. Dann berufen sich die Eltern darauf, dass sie sich nicht trennen können, weil sie den Kindern ihr Elternhaus nicht wegnehmen wollen. Dabei leiden sowohl die Eltern als auch die Kinder unter den unerträglichen Spannungen in der Familie. Leicht werden Kinder als Alibi genommen, um sich nicht »in Frieden« trennen zu können, dafür »im Krieg« verheiratet zu bleiben.

Bei einer Trennung tragen Kinder eine große Last. Deshalb gilt ihnen unser besonderes Augenmerk. Solange die Position der Eltern klar ist und sie den Kindern vermitteln, dass sie immer für sie da sein werden, auch nach der Trennung, sind die Kinder entlastet. Sonst werden Kinder möglicherweise auffällig durch Krankheit, Aggression oder Depression.

Sagen Sie Ihren Kindern,
dass sie nicht
an dieser Trennung
schuld sind.

Nicht länger Partner, aber weiterhin Eltern

Wenn Eltern sich scheiden lassen, wird die Ehe geschieden. Aber das Elternsein hört nicht auf. Die Kinder lieben ihre Eltern zu sehr, als dass sie ihnen für die Trennung Schuld geben könnten. Oft suchen sie aber die Schuld bei sich. Kinder denken, dass sie die Eltern durch ihr Verhalten wieder zusammenbringen könnten. Ein Bub z.B. ging jeden Sonntag in die Kirche und betete, dass seine Eltern wieder zusammenkommen mögen, und lag abends oft Stunden regungslos im Bett, um dadurch das Zusammenkommen der Eltern wieder zu erreichen.

Kinder versuchen oft den Sachverhalt, dass ihre Eltern getrennt leben, zu verschleiern, um für sich und andere das Bild einer vollständigen Familie zu erhalten. Damit tun diese Kinder et-

was sehr Natürliches, sie wollen zeigen und wünschen sich, dass die Familie trotz der Trennung zusammenhält. Kinder haben ein Recht darauf, Vater und Mutter zu lieben. Sie brauchen beide Elternteile, unabhängig davon, wie »grün« die sich noch sind. Kinder haben ein Recht darauf, dass ihre Eltern ihre Probleme miteinander lösen. Eine Familie, eine Liebe, bleibt immer heil! Sie zerbricht auch dann nicht, wenn die Liebesbeziehung oder die Ehe beendet ist. So wie Eltern immer Eltern für ihre Kinder bleiben, so bleibt die Zeit, in der ich diesen Mensch geliebt habe, ein Teil von ihm und mir. Diese Zeit bleibt immer heil und unberührt von dem, was danach kam.

Es darf sein, dass ich diese heile Erinnerung

an die Zeit, die wir hatten, in mir trage! Es darf sein, dass unsere Kinder Vater und Mutter lieben, auch und gerade wenn sie sich trennen!

Es gibt keinen Grund, schöne Zeiten zu verleugnen. Diese Zeiten gab es und ich mute mir und dir zu, sie nicht zu vergessen.

Und meinem neuen Partner mute ich zu, dass ich die guten Zeiten, die es vor ihm/ihr gab, im Herzen behalte!

Ein Kind, das beide Eltern lieben darf, ist frei für seine eigene Entwicklung. Ein Partner, der das Schöne aus seiner früheren Beziehung behalten darf, ist frei für einen neuen Partner.

Sagen Sie Ihren Kindern, dass sie nicht an dieser Trennung schuld sind. Wenn Ihre Kinder fragen, warum Sie sich getrennt haben oder trennen werden, sagen Sie: Das ist Papas und Mamas Sache. Das machen wir beide miteinander aus. Und für dich oder für euch Kinder bleiben wir Vater und Mutter, für immer.

Kinder dürfen nicht in die Situation gebracht werden, sich zwischen Eltern entscheiden zu müssen. Wo immer möglich, soll das gemeinsame Sorgerecht vereinbart werden. Das setzt voraus, dass die Elternbeziehung entspannt ist. Die Kinder brauchen die Freiheit, nach Wunsch zum Vater oder zur Mutter gehen zu können. Verweigert ein Elternteil dieses Recht, werden die Kinder böse auf ihn sein. Ebenso, wenn ein Elternteil den anderen schlecht macht. Wie schwer es für die Kinder auszuhalten ist, wenn schlecht über den Expartner gesprochen wird, sehen Sie sofort daran, dass Kinder beginnen, den Papa oder die Mama zu verteidigen – wenn sie es sich trauen dürfen. Wenn nicht, werden sie stillschweigend loyal und entfernen sich damit vom verurteilenden Elternteil.

Ist die Entscheidung gefallen, bei wem die Kinder hauptsächlich leben sollen, sollen beide Eltern diese Entscheidung den Kindern gegenüber gemeinsam vertreten. Niemals dürfen die Kinder vor eine Wahl für oder gegen einen Elternteil gestellt werden. Diese Wahl ist unzumutbar und zerreißt Kinderherzen.

Was die Paarbeziehung betrifft, z.B. Sexualität, so bleibt dies ausschließlich zwischen den Partnern. Jedes Nach-außen-Tragen intimer und möglicherweise schmerzhafter Details belastet Kinder unerträglich, da sie gezwungen werden, dem Menschen Schuld zuzuweisen, den sie lieben.

Ehen, Partnerschaften scheitern oft am Schritt vom Paar zur Familie, und dann auch wieder an dem von der Familie zum Paar, wenn die Kinder die Familie verlassen haben.

Sind die Kinder aus dem Haus, zeigt sich, dass nur noch sie ein gemeinsames Band aufrecht erhalten haben. Gehen die Kinder aus dem

Kinder wollen ihre Eltern groß – nicht gleich.

Bert Hellinger

Haus, wird klar, dass nur noch ganz wenige gemeinsame Interessen existieren und inzwischen kein tragfähiges Fundament für eine Beziehung mehr besteht.

Ebenso ist der Familienzuwachs eine Probe für die Tragkraft der Beziehung. Die Paarbeziehung war vor der Beziehung mit den Kindern da. Deshalb geht sie vor. Die Partnerbeziehung ist die Grundlage für die Beziehung zu den Kindern. Wenn die Paarbeziehung gut ist, geht es den Kindern gut. Ist sie nicht gut, spüren das auch die Kinder. Sie reagieren häufig mit Erziehungsrenitenz, mit Krankheit, mit Stress, mit Schulproblemen.

Die Eltern müssen ihre Situation lösen und dürfen sie nicht den Kindern aufladen. Kinder wünschen sich nichts mehr, als dass es Papa und Mama gut geht und alle in den gewohnten Bahnen zusammenleben. Geht das nicht mehr und haben die Eltern alles versucht, ist es besser, wenn Vater und Mutter sich trennen und als eigenständige Menschen eine neue, liebevolle Basis finden.

Kinder geben den Partnern als Vater und Mutter die Möglichkeit und die Aufgabe, im Bleibenden, nämlich dem Kind, die Kraft zu finden, noch einmal neu zu beginnen, auch was den Umgang mit dem Kind betrifft. Die Kraft, die Partnerschaft zu klären, zu trennen, was nicht mehr als Gemeinsames erfahren werden kann, oder neu zu begründen, was seinen Grund verloren hat. Vielleicht entsteht daraus eine ungewöhnliche Art, Elternschaft zu leben, und zwar eine, die Eltern und den Kindern besser gerecht wird.

Wenn Kinder versuchen, für ihre Eltern z.B. einen Ehestreit zu schlichten und sich damit anmaßen, gleich oder größer zu sein als die Eltern, nützt das der Paarbeziehung nicht, sondern schadet ihr. Zudem dürfen die Kinder nicht mehr Kinder bleiben, sondern überheben sich bei dem Versuch, etwas für ihre Eltern lösen zu können.

Trennung in Liebe bedeutet auch: Was wir nicht zusammenhalten konnten, soll unseren Kindern nicht schaden.

Als Eltern haben wir die Verpflichtung, da zu sein für unsere Kinder. Da zu sein, wo sie uns brauchen. Kinder haben auch den Anspruch auf eine erträgliche Beziehung zwischen ihren Eltern. Kinder haben einen Anspruch darauf, dass ihre Eltern ihre eigene Situation lösen und sie nicht an den Kleinsten auslassen. Trennung in Liebe heißt anzuerkennen, dass eine Beziehung enden darf, heißt aber auch, dass dieses Ende nicht auf Kosten eines der Beteiligten geht.

Was Kinder brauchen

Druck in der Partnerschaft geht immer zu Lasten der Schwächsten. Das sind die Kinder. Wenn Sie Ihre Probleme durch Hinsehen anpacken, helfen Sie Ihren Kindern. Kinder sollen und können an solch einem Beispiel lernen, dass jeder Probleme haben kann und dass Probleme lösbar sind, wenn ich bereit bin hinzuschauen. Kinder reagieren auf den Druck in der Beziehung ihrer Eltern oft durch Bettnässen, Allergien, Aggression, Wut, Angstträume, schlechte Leistungen in der Schule und Ähnliches.

Wenn der Sohn oder die Tochter ausrastet, ist es oft die stellvertretende Wut für das, was Vater oder Mutter nicht ausdrücken kann. Das Kind handelt dann stellvertretend für den Erwachsenen. Aber geteiltes Leid ist doppeltes Leid, nicht halbes!

Unausgesprochenes, Ungelöstes, ungute Gefühle schwächen alle in einer Familie. Die Familienmitglieder sind nicht in ihrer schöpferischen, kreativen Kraft, sondern vergeuden die meiste Energie damit, kräftezehrende Kämpfe zu führen und stillschweigende Vorwürfe auszuhalten. Das drängt nach Veränderung. Da jede Veränderung einen Antrieb braucht, wird der oft geschaffen. Das ist dann das, was uns als Trennungsgrund begegnet. Da wir es benennen können, glauben wir es »im Griff« zu haben, unter Kontrolle. Denkste! Dieser Grund ist ein Teil der Spitze des Eisbergs. Richtig los geht's erst unter der Oberfläche.

Es gibt die gute Lösung für jede Familie – neu und etwas anders. Wenn beide Partner den Anspruch haben, die beste Lösung zu finden, wird es gelingen. Wenn Sie beginnen, eine Trennung in Liebe überhaupt für möglich zu halten, haben Sie den wichtigen ersten Schritt getan! Das andere wird sich finden.

Was Sie Ihren Kindern vorleben, nehmen diese oft als Maßstab für ihre eigenen Beziehungen. Beide Elternteile brauchen genügend Zeit mit den Kindern, um diesen ihre Lebenswerte vermitteln zu können, einfach durch Zusammensein. Show-Aktionen oder Geschenke, um das schlechte Gewissen zu beruhigen, bringen gar nichts.

Geben Sie Ihrem Expartner die Ehre, indem Sie über die Dinge, die Sie ehrlich an ihr/ihm be-

wunderten, sprechen. »Was die Mama so gut kann, ist …«, »Der Papa ist ein Meister im …«. Das tut Kindern gut. Sie ehren damit die Zeit, die Sie gemeinsam hatten. Und da gibt es viel Gutes zu sehen. Schauen Sie auch auf das Gute, das war.

Dabei ist Aufrichtigkeit wichtig! Kinder merken sofort, wenn getäuscht werden soll. Bevor Sie sich innerlich verdrehen oder sich zu etwas zwingen müssen, fangen Sie lieber klein an und sagen Sie einfach nichts Negatives über den Expartner, bis es geht: das Gute in ihm/ihr zu sehen und auszusprechen.

»Den Kindern zuliebe kann man doch wenigstens zusammenbleiben.« – Das ist eine schwere Last, die solch eine Sicht den Kindern aufbürdet. Denn auch den Kindern zuliebe wird aus einer unglücklichen Beziehung keine glückliche Familie. Die Kinder können nun wirklich nichts dafür, dass Sie mit Ihrer Partnersituation nicht zurechtkommen und/oder mit Ihrem Part-

ner entzweit sind. Aber sie haben das Recht auf Lösung dieser verfahrenen Situation und sie haben ein Recht darauf, dass ihnen dabei Vater und Mutter erhalten bleiben.

Kinder fordern ihre Eltern, ob die wollen oder nicht. Was Kinder brauchen, ist die Sicherheit, dass Mama und Papa für sie da sind. Kinder brauchen im Fall der Trennung außerdem klare Regeln, wann der Vater, wann die Mutter bei den Kindern ist. Solche Absprachen müssen verlässlich sein. Kinder müssen in aller Klarheit hören, dass sie nicht schuld daran haben, dass Vater und Mutter nicht mehr zusammen sind. Kinder dürfen nicht als Partnerersatz behandelt werden. Kinder, vor allem in der Pubertät, erwarten Standpunkte von der Mutter, dem Vater. Sie erwarten, dass sie sich an diesen Standpunkten reiben können, dass Auseinandersetzung von den Eltern ausgehalten werden. Es hilft, Verhalten und Person zu trennen: »Ich mag dich, aber nicht dieses Verhalten.«

Kinder brauchen unsere Standhaftigkeit, die gibt ihnen Halt.

Wenn wir von Fall zu Fall das, was Kinder tun, nicht tolerieren können, ist es umso wichtiger, klar Position zu beziehen: »Damit bin ich nicht einverstanden.« Oder: »Das geht nicht.« Beispiel: Zu spätes Heimkommen. Ich gebe nicht auf, sondern vereinbare neu. Ich mute dem Kind, dem Jugendlichen die Folgen seines Handelns zu, z.B.: »Wenn du deine Verpflichtungen nicht einhältst, werde ich das auch nicht tun.«

Wir Eltern brauchen den Mut, uns bei unseren Kindern und deren Freunden unbeliebt zu machen, wenn wir auf unsere Grundwerte bestehen. Kinder setzen dann ihre Machtmittel ein und wir müssen in solchen Fällen klar zeigen, dass wir nicht bereit sind, uns erpressen zu lassen. Wichtig ist dabei, den Konflikt nicht eskalieren zu lassen und den Kontakt zu halten. Die Kinder wollen sich ablösen; wie anders als in Auseinandersetzung könnte das passieren?

Gegenseitiger Respekt, Anerkennung der Grenzen, Klärung der eigenen Position, Verdeutlichung des eigenen Standpunktes, das sind die Koordinaten im Feld der Auseinanderset-

Es bedarf eines ganzen
    Stammes, um ein Kind
großzuziehen.
            Malidoma Somé

zung mit dem Unabhängigkeitsstreben der Kinder. Für uns als Eltern ist in dieser Zeit wichtig, den Machtverlust zu akzeptieren, einzusehen, dass die Kinder ihre Fehler machen müssen und dürfen. Kinder müssen wie wir die Folgen ihres Handelns tragen. Wir Eltern müssen ihnen diese Folgen zumuten.

Ein heilsames Verhältnis zwischen Eltern und Kinder kann sich entwickeln, wenn das im Folgenden Beschriebene entstehen darf (zitiert aus dem Video *Die unterbrochene Hinbewegung* von Bert Hellinger) »Das Nehmen der Eltern durch das Kind. Wie das Kind die Eltern nimmt: Es gibt für ein Kind keine anderen Eltern als die, die es hat, deshalb sind seine Eltern immer die richtigen. Es sind die einzig richtigen. Es sind die einzig möglichen, die es gibt. Daher sind sie für jedes Kind die besten Eltern. Wenn die Eltern ein Kind zeugen, geben sie das Leben weiter, wie sie es erhalten haben. Die Eltern haben keinen Einfluss darauf. Sie können dem nichts hinzufügen und nichts weglassen. So wie die Eltern das Leben haben, so geben sie es weiter. Das Kind kann das Leben nur so nehmen, wie die Eltern es geben. Es kann nichts hinzufügen, nichts auslassen. Es kann es nur so nehmen, wie die Eltern es geben. Beobachten Sie, was in der Seele geschieht, wenn das Kind zu seinen Eltern sagt: Ich nehme euch als meine Eltern, so wie ihr seid. Ihr seid die richtigen und ich nehme das Leben genau so, wie ihr es mir gegeben habt. Es ist genau das richtige für mich und ihr dürft mich jetzt haben als euer Kind. So wie ich bin.«

Indem wir unsere Kinder ernst nehmen, nehmen wir das Kind in uns ernst. Gerade damit halten wir die Kinder nicht klein, sondern geben ihnen einen wertvollen Platz. Das gilt genauso für unser inneres Kind. Das ist auch der Schritt zum eigenen Erwachsenwerden der Eltern. Kinder sind keine kleinen Erwachsenen, aber sie haben meistens den direkteren Zugang zu einer menschlichen, liebevollen Lösung.

**Meine Eltern sind
die einzig richtigen
für mich.**

**Wir werden als Originale geboren,
sterben aber als Kopien.**

Edward Young, engl. Dichter, 18. Jhdt.

Dieses Werden zur Kopie ist abwendbar, wenn wir uns an unsere Originalität erinnern, die direkt mit unserer Kindheit zu tun hat. Wenn wir uns erinnern, welche Talente uns innewohnen, wie viel Kreativität in uns pulsieren kann, wenn wir uns mitten im Fluss unseres Lebens befinden.

Fragen wir uns noch so etwas Banales wie: »Macht mir mein Leben Spaß, so wie es ist?« Trauen wir uns noch, solche und ähnliche Fragen zu stellen? Oder fürchten wir uns vor der spontanen Antwort? Das Leben hier und jetzt ist vielleicht das einzige. Das ist eine sehr reale Möglichkeit. Genießen wir diese wunderbare Welt. Es ist alles da, was wir brauchen. Es muss uns lediglich gelingen, die Liebe, die ein Geschenk des Lebens an uns ist, zu leben! Für alles wirklich Wichtige im Leben haben wir nichts getan, es ist uns unverdient geschenkt worden: unser eigenes Leben, die Luft zum Atmen, der Planet voll von Wundern und Leben, Nahrung für alle, wenn wir sie besser verteilen würden.

Denken wir zurück an die Zeit, als wir 16, 17, 18 Jahre alt waren, als wir es unbegreiflich fanden, was die Erwachsenen aus so vielem gemacht haben. Jetzt sind wir so alt, jetzt sind wir erwachsen. Haben wir es besser gemacht? Wollen wir es dabei belassen? Nein! Wir können uns verändern! Dieses Handeln fängt bei mir an, jetzt. Ich kann die Welt verändern in mir und damit verändere ich die äußere Welt, jetzt!

Das Argument »den Kindern zuliebe« hat noch einen anderen Aspekt: Wir Eltern dürfen uns nicht zu wichtig nehmen. Dieser Satz bezieht sich auf das Nachfolgende und soll das vorher Gesagte nicht einschränken, sondern ergänzen.

In ihrem Aufsehen erregenden Buch *The Nurture Assumption* (nurture = ernähren, auferziehen; assumption = Annahme) schreibt Judith Rich Harris: »Eltern sind weniger bedeutungsvoll als das ›soziale Umfeld‹, die so genannten *peer groups* wie Schule, Freundeskreis etc.« Durch viele Beispiele belegt Judith R. Harris, wie stark die Einflüsse des sozialen Umfelds sind.

Die Autorin weist auch darauf hin, dass Kinder von Eltern, die später geschieden wurden, mit Auffälligkeiten reagierten, Jahre *bevor* die Eltern sich tatsächlich trennten. Diese Untersuchungen zeigen, dass nicht die Scheidung selbst, sondern der ungelöste Familienkonflikt das Problem war. Streit der Eltern und der Unfrieden zu Hause macht Kinder unglücklich. Er zertrennt das Verhältnis zu den Eltern und macht aus dem Heim eine Hölle.

**Kinder brauchen
den Vater,
seine Art,
Mann zu sein.**

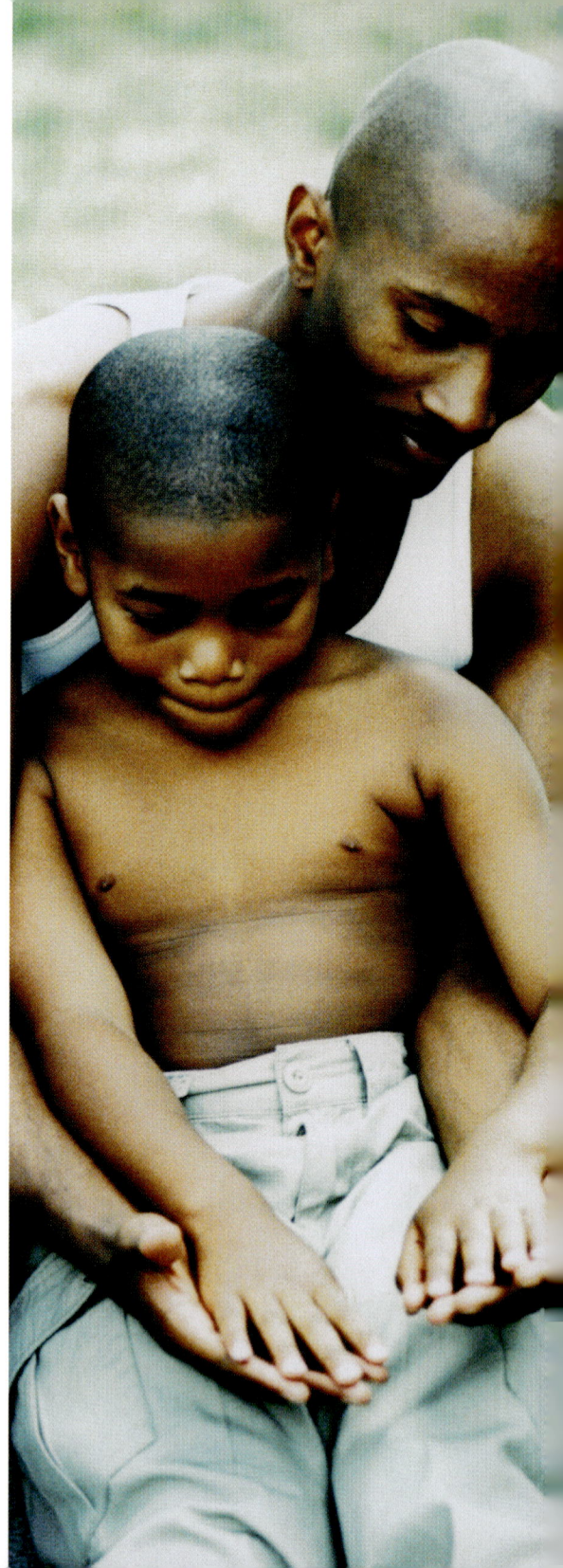

Der Versorger

Geschiedene und nicht bei den Kindern lebende Väter haben die Pflicht und oft auch den Wunsch, ihre Kinder bestmöglich zu fördern und zu unterstützen. Die Umstände der Scheidung und der Trennungsphase davor können diesen Wunsch stören oder verändern. Trotz alldem haben Väter Verantwortung für das Wohl ihrer Kinder. Sorgen, fördern und unterstützen bedeutet, dass Väter Zeit mit ihren Kindern haben. Kinder brauchen den Vater, sowohl finanziell wie auch seine Zuwendung, seine Liebe, seine Art, Mann zu sein. Es ist sein Job, dafür zu sorgen, dass seine Kinder und auch deren Mutter ein Dach über dem Kopf haben und versorgt sind. So lange, bis die Kinder größer sind und die Mutter wieder arbeiten kann. Das scheint ein entlastendes Prinzip zu sein, das alle Beteiligten stärkt.

Sollten in der neuen Partnerschaft des Mannes ebenfalls Kinder da sein, bleibt es beim oben Gesagten. Es ist die Pflicht des Vaters, für seine Kinder zu sorgen. Sorgt der neue Partner ebenso für die Kinder, darf er dem leiblichen Vater seine Position und Sorgepflicht nicht wegnehmen oder abnehmen. Unterstützt dieser Mann bei der Erziehung usw., weil der eigentliche Vater ausgefallen ist, gebührt ihm der Dank der Mutter. Gleichzeitig ist er jederzeit frei, seine übernommenen Pflichten abzugeben.

»Je mehr qualitativ hochwertige Zeit Väter mit den Kindern verbringen, umso weniger Probleme haben die Kinder später in Beziehungen.« (aus einer Untersuchung der Universität Regensburg über 20 Jahre hinweg, Leitung Grossmann/Kindler 2001)

Väter und Söhne haben besondere Beziehungen. Steve Biddulph sagt in *Männer auf der Suche*: »Verlassene Söhne warten auf ihre Väter.« Er empfiehlt: »Lassen Sie Ihren Sohn wissen, dass Sie ihm jederzeit zur Verfügung stehen und bereit sind, ihn zu sich zu nehmen. Bisweilen stellen Söhne, die bei ihrer Mutter leben, sogar unbewusst alles Mögliche an, um das Zusammenleben mit ihr zu erschweren. Der Grund: Sie möchten, dass die Mutter ihnen erlaubt, zum Vater zu ziehen. Zur Überraschung aller Beteiligten ist dies mitunter für das Erwachsenwerden des Sohnes genau die richtige Entscheidung. Wenn ein Vater sich vor dieser Verantwortung drückt, fügt er dem Jungen seelischen Schaden zu.«

Mütter, die alleine erziehen

Dass Väter mehr sind und mehr zu geben haben als nur die Rolle des Versorgers, ist bekannt. Wie ist es dann möglich, dass manche Mütter es schaffen, z.B. ohne den früh verstorbenen Vater des Sohnes und ohne »Ersatzvater« auszukommen und trotzdem einen »tollen Jungen« heranzuziehen? Hierzu wurden Mütter und Söhne befragt, denen deutlich anzumerken war, dass beide kraftvoll im Leben standen. Bei allen hatte der früh verstorbene Vater einen wichtigen, guten Platz in der Familie. Die Mutter hatte den Sohn im Andenken an den Vater erzogen. Sie hat an die guten Seiten des Vaters erinnert, z.B. gesagt: »Dein Vater konnte so schön singen.« Damit hat sie an das stärkende Bild vom Vater erinnert, sich und dem Sohn die guten Seiten des Mannes/Vaters angeboten. Diese Frau hatte ihren Mann angenommen und ihn dem Sohn als Mensch und Vater sichtbar gemacht.

Was ist aber, wenn der Expartner noch anwesend ist, in der Nähe lebt oder weiter weg? Was ist, wenn der getrennte Partner alles tut, um eine mögliche bessere Beziehung zu torpedieren? Ändert es etwas an der guten Wirkung des vorher Beschriebenen? Ich darf mich nicht von diesem Hass anstecken lassen. Vielleicht bleibt dann nur noch übrig, mich und die Kinder abzugrenzen. Das sollte ich benennen, z.B. »Das ständige Trinken vom Papa mag ich nicht. Aber ich finde super, dass er heute mit euch in den Zoo geht.«

Wenn Expartner auch mit den guten Seiten gesehen werden können, die sie hatten und haben, brauchen Söhne und Töchter nicht durch eigenes Leid an sie erinnern und dadurch auf sie aufmerksam machen. Ein erfahrener Berater für Erziehungsfragen, Jürgen Schneid, sagt: »Die Auffälligkeiten bei Kindern und Jugendlichen in Kindergärten, Schulen und Berufsausbildungsstätten nehmen in dem Maße ab, in dem gut über Vater bzw. Mutter vom erziehenden Elternteil gesprochen wird!«

Bei verheirateten Frauen wird selten jemand meinen, sie seien allein erziehend. Manchmal ist es trotzdem so, weil die Väter wenig zu Hause sind. Viele dieser Väter sind nicht in der Lage, beidem, Beruf und Familie, ausreichend viel Zeit zu widmen. Gleichzeitig ernähren diese Männer die Familie und ermöglichen ein Leben in Wohlstand für alle. Solche Leistung wird gerne außer Acht gelassen, nur die Abwesenheit negativ gewertet.

WAS ICH TUN KANN

Ich spreche über die guten Eigenschaften meines Expartners. Die schlechten interessieren nicht mehr, deretwegen sind wir getrennt. Wenn ich die guten Seiten benenne, können meine Kinder stolz auf ihren Vater oder ihre Mutter sein.

Wenn den Kindern ständig die schlechten Seiten vor Augen geführt werden, werden sie auffällig durch Krankheit, schlechte schulische Leistungen, Erziehungsprobleme in Form von übertriebenem Widerstand etc. Sie bringen so das verleumdete Elternteil ins Bild zurück, als wollten sie sagen: »Lieber Papa, oder liebe Mama, ich werde wie du.« Damit erinnern sie an diesen Menschen, dem durch die Beschimpfung Schaden zugefügt wurde oder der ausgeschlossen wird.

Diese Loyalität ist von blinder Liebe getragen. Sie nützt weder dem Kind noch Vater oder Mutter, trotzdem wird diese Dynamik, diese destruktive Kraft weitergetragen, wenn sie nicht

aufgedeckt wird, möglicherweise durch eine Familienaufstellung oder eine andere geeignete Intervention.

Der einfachste Schritt zu einer guten Lösung im Interesse der Kinder ist der, dass Mutter oder Vater aufhören, schlecht über den Expartner zu reden. Am besten sollten die guten Seiten angesprochen werden und bei Auseinandersetzungen nicht mehr die »alten Kamellen« aufgewärmt werden.

Es ist leichter, den Emotionen nachzugeben und zu urteilen oder zu verurteilen. Dann ist immer der/die Andere schuldig. Indem ich erkenne, dass der andere Mensch von seinem Tun überzeugt ist, erkenne ich an, dass er/sie sein Bestes tut. Indem Wege aufgezeigt werden, die für alle gut sind, kann sich meine Seele und die meines getrennten Partners neu orientieren – auf Lösung hin.

Die Kinder selbst finden oft wunderbare Unterstützung in so genannten Trennungs- oder Scheidungskindergruppen, wie sie z.B. der Kinderschutzbund in vielen seiner regionalen Kreisverbänden und andere Beratungsstellen anbietet. Weitere Informationen:

www.kinderschutzbund.de
www.kinderschutzbund-rosenheim.de

Wir Eltern dürfen uns nicht zu wichtig nehmen.

Wenn
die Liebe
geht,
was
kommt
dann?

Ein wunderbares Lied von Erika Pluhar und André Heller fragt: »Wenn die Liebe geht, was kommt dann ...? Wenn der Wind sich dreht, wohin dann ...?«

Geht die Liebe wirklich? Vielleicht ist sie dem Hass gewichen. Sicher ist sie keine verliebte Liebe mehr. Kann Liebe überhaupt gehen? Die Liebe, die uns einst zusammenbrachte, hat sich auf so mannigfache Weise verändert. Vom Brauchen zum Gebrauchtwerden, vom Geben zum Nehmen, vom Getragensein durch den anderen zum Tragen von sich selbst. Liebe ist unerschöpflich weit und tief. Liebe ist immer da. Aus Liebesbindung, die auch aus sexuellem Begehren entstand, kann partnerschaftliche Liebe werden. Partnerschaftliche Liebe gibt, lässt, trägt, nimmt. Sie ist eine Form der Anteilnahme am anderen, wie beste Freunde miteinander

sind. Die offene Aussprache ohne Schuldzuweisung, um des gemeinsamen Zieles willen, gibt beiden die Chance weiterzukommen.

Lassen Sie sich nicht von »wohl meinenden« Freunden einreden: »Den würde ich vor die Tür setzen«, »Die würde ich sofort rausschmeißen«, »Wie kann sie/er dir das nur antun?« Ihre Freunde kennen nur diesen Weg. Es gibt noch wenig positive Streitkultur, schon gar nicht bei Paarstreitigkeiten. Jeder versucht die Freunde auf seine Seite zu ziehen, jeder mit seiner Sicht der Dinge.

Geben Sie sich selbst und dem Expartner Zeit und Ruhe, mit der aufwühlenden Realität einer Trennung umzugehen.

WAS ICH TUN KANN

Vielleicht hilft Ihnen das kleine Wort »bitte«. Bitten Sie Ihren Partner um ein klärendes Gespräch. Bereiten Sie sich auf dieses Gespräch vor, indem Sie sich einen guten Verlauf vorstellen, einen guten Ausgang für dieses Gespräch. Der gute Ausgang bedeutet nicht Trennung oder Zusammenbleiben. Der gute Ausgang bedeutet, einen Weg finden, der für beide gut ist. Wenn Sie keine Lösung außer Trennung sehen, bitten Sie Ihren Partner darum, die Trennung in gegenseitiger Achtung zu vollziehen. Wenn beide zu der Ansicht finden, dass es gut weitergehen kann in gemeinsamer Partnerschaft, braucht keiner Angst zu haben. Es bleiben genügend Schwierigkeiten, aber die sind zu schaffen.

Ja, es tut weh.

Ehrlich zu
der Situation sein.

Trennung braucht kein Drama.

Vielleicht haben Sie auch schon viele Gesprächsversuche gemacht und es hat nie geklappt. Er/sie hat Sie wieder nicht verstanden und Sie gaben fast auf. Die Lösung ist nur im direkten Gespräch möglich, manchmal braucht es professionelle Hilfe. Es gibt ausgezeichnete Moderatoren, staatliche Stellen, kirchliche Institutionen, Therapeuten, Mediatoren, Paarseminare, Bücher (Adressen am Schluss des Buches).

Zuerst können Sie mit Ihrem Partner eine gemeinsame Lösung, eventuell mit Unterstützung, suchen. Ist eine direkte Ansprache nicht mehr möglich, können Sie sich darüber klar werden, wen Sie ins Vertrauen ziehen wollen. Hören Sie ganz genau hin, wer Ihnen was rät. Versuchen Sie zu erkennen, welches Potenzial an Konfliktlösung Ihnen angeboten wird. Oft ist es die reine Hilflosigkeit, die sich in »Zeig's dem/der endlich mal«-Sprüchen erschöpft.

Der Beziehungswind kommt von vorn. Das soll heißen: Lösungen liegen nur selten in der Vergangenheit, höchstens in der Anerkennung der gemeinsamen Vergangenheit. Jetzt kann Verkrustetes aufgebrochen werden. Ein Neustart kann stattfinden. Für beide, ohne Verlierer. Lediglich eine kaputte Ehe oder Partnerschaft wird abgeschafft. Beide könnten z.B. ein zum Großteil getrenntes, aber auch zum Teil noch verbundenes Leben anstreben, was den Kindern die größte Freude sein dürfte.

Die Therapeuten Beal/Hochman weisen darauf hin, dass oft Beziehungsprobleme in der Gegenwart aufgrund von ungeklärten Problemen mit einem Menschen der ursprünglichen Familie – Mutter, Vater, Großeltern, Schwester, Bruder – auftreten. Wichtig ist, dass wir diese Aussage nicht als Ausrede benutzen, sondern als Herausforderung, um diesen geforderten Ausgleich durch eigene Aktivität zu schaffen. Sich z.B. ausdrücken mit künstlerischen Mitteln. Malen oder Musik beispielsweise sind Wege, diese Herausforderung anzunehmen.

Partnerbeziehung verändert uns ständig.

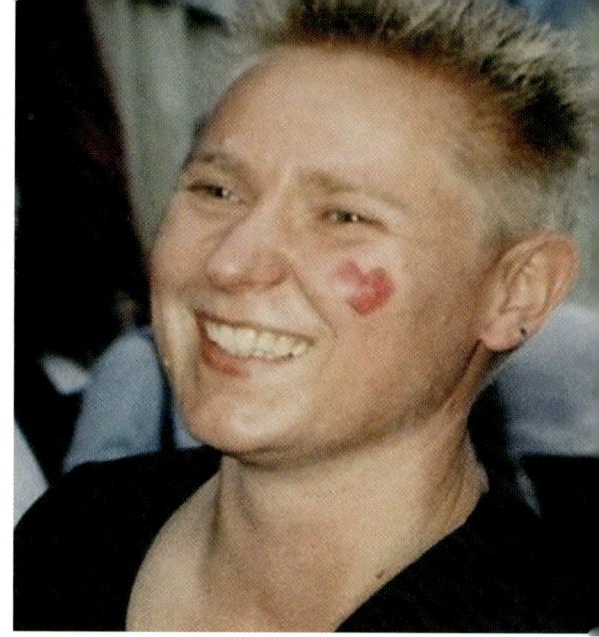

Sich ausdrücken im Leben durch Sein, nicht durch Konsum.

Wenn die Liebe geht, was kommt dann? Gibt es denn eine Alternative zu Trennung in Liebe? Der Hahnenkampf der Rechtsanwälte zum angeblichen Wohl ihrer Mandanten ist keine Lösung, führt aber bestimmt zum endgültigen Bruch zwischen beiden Expartnern. Es sind nicht die Anwälte, um die es hier geht. Sobald sich einer von beiden Partnern einen Anwalt nimmt, ist der andere praktisch gezwungen, dasselbe zu tun. Dann ist Krieg. Keine Basis mehr zur Verständigung auf einer Ebene in gegenseitigem Wohlwollen.

Sie selbst sind es und Ihr Partner, die entscheiden, ob Trennung im Hass oder in Liebe erfolgt. Ob die vielen offenen Rechnungen beglichen, ob die Verletzungen gesühnt werden müssen, oder ob Sie beide einfach einen Schlussstrich ziehen können und sich selbst und dem/der anderen die vielen Unzulänglichkeiten verzeihen können, die waren und noch sind. Indem sie anschauen, was war – und es nicht zudecken –, würdigen beide, was möglich war in ihrer Beziehung und was nicht.

Nach der Trennung ist ein Neuanfang möglich. Es gibt aber auch die Herausforderung, mit dem Bisherigen auf neue Art umzugehen, vielleicht mit der Hilfe eines anderen Menschen. Aber warum wollen Sie beide auf die gute

Unterstützung des Expartners verzichten? Wenn es beiden gut tut, kann diese Beziehung für beide sehr hilfreich und lösend sein. Zumal wenn Kinder da sind, sollte es keinen anderen Weg geben als den der offenen, gemeinsamen Bereitschaft, für alle in der neuen Art der Beziehung Gutes zu schaffen.

Geben Sie sich selbst und dem Expartner Zeit und Ruhe, mit der aufwühlenden Realität einer Trennung umzugehen. Oft werden voreilige Entscheidungen getroffen. Oft fühle ich mich unsicher, ob ich die Entscheidung zur Trennung vor mir, den Kindern, den Eltern, allen anderen noch vertreten kann. Oft bin ich unsicher: »Soll ich es wirklich tun oder doch besser weiter aushalten?« »So schlimm war es doch nicht!« Wenn Sie diese Zweifel haben, bleiben Sie, wo Sie sind!

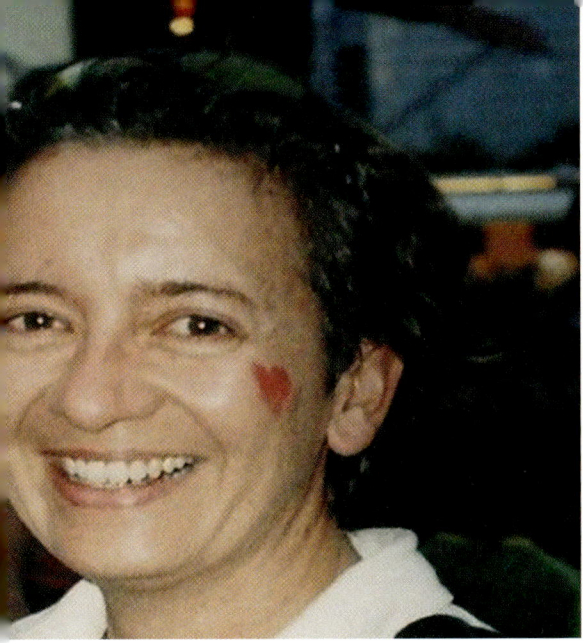

Erst Ihre innere Klarheit kann zur Heilung Ihrer Partnerschaft führen oder zur Trennung.

Der Leidensdruck ist der Wegweiser, der Ihnen hilft, Ihr Leid, Ihren Schmerz in der Beziehung einzuordnen. Der Leidensdruck verhilft Ihnen zur Klarheit über den Zustand Ihrer Beziehung: Ist sie zu Ende, vor dem Ende oder noch zu heilen? Je nach der Antwort, die Sie sich selbst auf diese Fragen geben, können Sie entscheiden, was zu tun ist. Falls es um ernste Konsequenzen geht, holen Sie sich professionelle Hilfe. Sie gehen ja auch nicht zu irgendeinem Arzt oder in irgendeine Werkstatt mit Ihrem Auto. Wenn irgend möglich sprechen Sie zuerst mit Ihrem Partner!

Zu unserer alltäglichen Vorstellung von Berechenbarkeit gehört die Idee, dass unsere Realität von erkennbaren und von uns entschlüsselbaren Gesetzen regiert wird. Was den platten Reifen am Auto betrifft, stimmt das. Jedoch schon mit unserem Computer lassen sich diese Zuordnungen nicht mehr direkt mit dem Konzept von Ursache und Wirkung erklären – oft einfach, weil uns das nötige Detailwissen fehlt. Ganz undurchschaubar wird es in Beziehungen, dann wird das linear-kausale Denken fragwürdig. Wir können nicht einfach eine Reparatur vornehmen und die Paarbeziehung flutscht wieder. Was in Beziehungen Gültigkeit besitzt, muss zwischen den Beteiligten ausgehandelt werden! Das ist ein Lernprozess, den jeder schaffen kann. Manchmal braucht es dazu mehrere Anläufe in Form von Partnerschaften, manchmal nicht.

Vorsicht vor fertigen, geschlossenen Weltbildern. Vor Weltbildern, die behaupten, dass alles so richtig ist, wie sie es beschreiben. Die für alles eine Erklärung haben. Früher genauso wie heute sind geschlossene Weltbilder Zeichen von Machtideologien. Auch heute sind sie Zufluchtsorte für die Verängstigten und Harten!

Zum unterstützenden Denken gehört, dass wir von den Ideologien und scheinbar endgültigen Lösungen Abschied nehmen und uns den Risiken und Unsicherheiten des Lebens in eigener Verantwortung stellen. Dazu gehören Widersprüche und Paradoxien, die Teil des Lebens sind, aber nicht Teil unserer Vernunft.

Das Gespräch – darüber, wie jeder von uns beiden diese Beziehung erlebt – ist der Beginn der Selbstheilung des Paares. Bereiten Sie sich vor auf dieses Gespräch. Werden Sie sich klar darüber, was Sie sagen wollen. Stellen Sie sich in Gedanken einen vertrauensvollen Gesprächsverlauf vor. Lassen Sie Ihr Herz sprechen. Sprechen Sie davon, wie Sie sich Ihre Partnerschaft wünschen. Was Sie an sich selbst ändern möchten. Was Sie dazu tun können. Wie es besser werden kann. Nehmen Sie sich jede Woche dafür eine feste Zeit, etwa eine Stunde!

Sprechen Sie davon, was Sie tun oder lassen werden. Bleiben Sie bei sich. Sie können nur sich selbst ändern. Nur dadurch »ändern« Sie Ihren Partner, indem Sie selbst neu und anders mit Situationen umgehen. Dadurch veranlassen Sie den Partner, verändert zu reagieren. Agieren Sie, geben Sie die Haltung bloßer Reaktion auf. Sagen Sie Ihrem Partner klar, welche Schwierigkeiten Sie in der Beziehung sehen. Sagen Sie auch, was Sie selbst verändern werden. Machen Sie keine Lösungsvorschläge, die den Partner betreffen. Bleiben Sie bei sich. Handeln Sie. Wenn Sie darauf warten, dass der Partner das tut, was Sie wollen, warten Sie darauf, handeln zu können. Dann bleibt es, wie es ist.

... weg vom bisschen Glück, hin zu meinem Glück

Wir haben materiell viel erreicht. Wir leben in einem goldenen Zeitalter. Wahrscheinlich ging es noch nie so vielen so gut – auf diesem Teil der Weltkugel, materiell gesehen. Aber unser Preis ist hoch, den wir für diese Art Fortschritt bezahlen. Wir geben viel von uns hin. Eine tiefe, vertrauenswürdige, liebevolle, auch sexuell erfüllte Partnerschaft ist vielleicht auf der Strecke geblieben. Weil wir die Zeichen nicht rechtzeitig erkannt haben. Weil wir nicht rechtzeitig gehandelt haben. Keiner hat gesagt: Wenn du so viel arbeitest, hast du keine Kraft mehr, dich um dich selbst oder um deinen Partner zu kümmern. Du hast nicht mehr die Kraft, um ein guter Vater, eine gute Mutter zu sein. Wo sollst du die Kraft hernehmen, auch noch eine gute Geliebte, ein guter Geliebter zu sein, nach zehn Stunden Arbeit? Nach einer Arbeit, die oft mehr belastet als erfüllt! Wie gehen wir mit uns um? Wir stellen die gesellschaftlichen Werte über unsere eigenen. Um geachtet zu sein, geliebt zu werden, tun wir fast alles. Wer liebt uns?

Wir leben in Clubs von Gleichgesinnten: im Club der Verheirateten, in Religionsclubs, Vereinen, Dorfclubs, Firmenclubs, nationalen Clubs. Viele Gefühle bieten uns diese Bündnisse: z.B. Geborgenheit, Zugehörigkeit, Einigkeit, das Gefühl, aufgehoben zu sein, ein Zuhause zu haben, Freunde zu haben, Bekanntes wiederzufinden. Diese soziale Integration ist wichtig, aber der Preis ist hoch, der dafür gefordert wird.

Verstößt eine/r gegen die oft ungeschriebenen Gesetze der Gemeinschaft eines »sozialen Clubs«, kommt er/sie schnell in Erklärungszwang. Warum setzt du dich ab? Du gefährdest unsere Art zu sein, indem du andere, neue Wege gehen willst. Der Club schließt aus, was nicht konform ist. So steht manch eine/r schnell vor der Wahl: die Freunde oder mich selbst verlieren: Wenn wir uns aus der Sicherheit der sozialen Clubs entfernen, riskieren wir, einsam zu werden.

Es geht sehr wohl, mit Expartnern, mit den eigenen Kindern, mit sich selbst ins Reine zu kommen. Es tut gut, wenn wir den Mut finden, zu dem zu stehen, was ist. Die Clubs der Gleichgesinnten gaukeln dem Einzelnen die Sicherheit des Geborgenseins vor. Was ist das für eine Sicherheit?

Wenn Sie sich nicht sicher sind,
    bleiben Sie, wo Sie sind.

WAS ICH TUN KANN

Stellen Sie sich diese Fragen und finden Sie Ihre Antwort: Wofür werde ich geliebt? Bin ich noch bereit, das zu tun, wofür ich geliebt werde? Ist das überhaupt Liebe? Bin ich noch bereit, mich weiterhin so unendlich anzustrengen, um fremden Ansprüchen zu genügen? Bin ich noch bereit, mich weiter zu verbiegen, um die Liebe eines anderen Menschen zu bekommen?

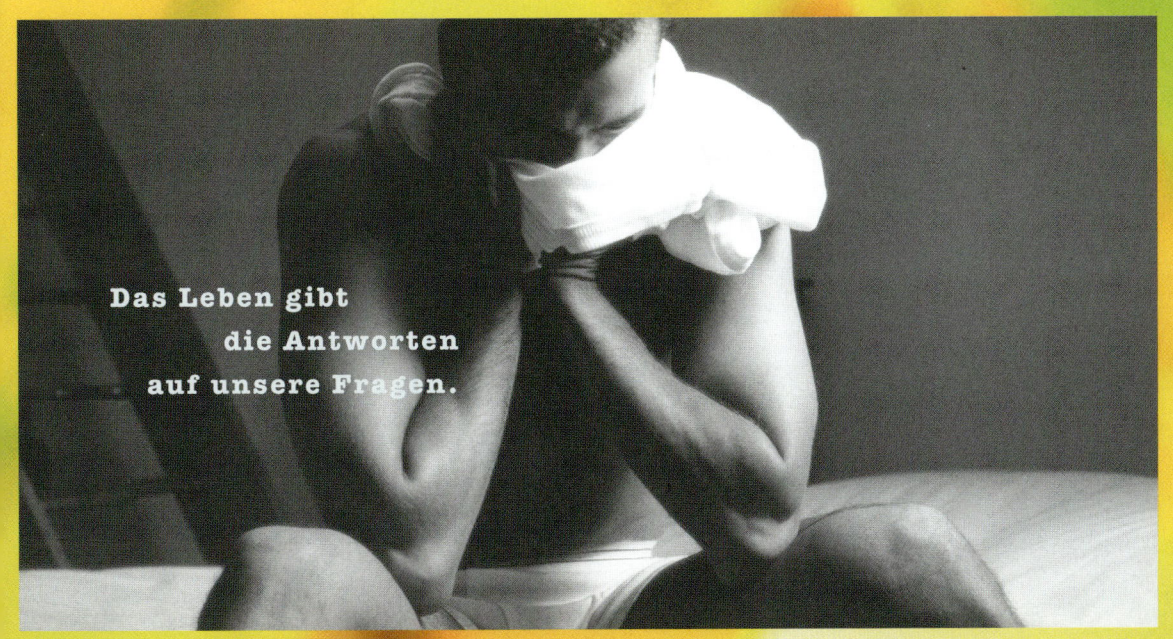

Das Leben gibt
die Antworten
auf unsere Fragen.

Was uns wirkliche Sicherheit geben kann

Was passiert uns mit Sicherheit? Wir werden geboren, gezwungen, den Platz im Mutterleib zu verlassen. Viele haben hilfreiche Theorien darüber aufgestellt, wie es uns dabei geht, was für Schäden uns geschehen, wie wir Geburt erleiden. Tatsache ist, die Geburt geschieht uns allen und jeder geht ein bisschen anders damit um. Doch ein Gefühl von Sicherheit stellt sich nach diesem ersten Schritt kaum ein. Und so suchen wir weiter nach Sicherheit. Wir merken schnell: Sie lieben mich, die Eltern, wenn ich das mache, was sie wollen. Dann bekomme ich die Sicherheit, Zuwendung, Liebe, die ich brauche. Sie wollen nur unser Bestes und – sie wollen es wirklich. Sie geben uns, was sie geben können. Auch wenn es uns oft nicht genügt, könnten wir dafür dankbar sein. Allein dass wir am Leben sind ... damit ist schon viel gegeben.

Sicherheit, lat. *securitas* = Sorgenfreiheit, Gemütsruhe. In dieser Definition des Wortes Sicherheit steckt auch eine Sehnsucht. Ich meine, es wird mit dem Wunsch nach Sicherheit die Sehnsucht nach Geborgenheit ausgedrückt. Wir haben Sicherheit nicht im Griff, das spüren wir. Wir glauben aber, einen Anspruch auf Wohlstand, soziale Geborgenheit und Gesundheit zu haben. Das Streben nach materieller Sicherheit ist oft an die erste Stelle unserer Werteskala gerückt. Dabei bleiben Wirkprinzipien unbeachtet, was wir zwar spüren, aber oft nicht beachten.

Insa Sparrer und Matthias Varga von Kibéd haben in ihren systemischen Strukturaufstellungen diese Wirkprinzipien beschrieben und durch viele praktische Beispiele veranschaulicht. Verkürzt dargestellt: Sie gehen davon aus, dass systemische Strukturaufstellungen ein inneres Abbild der für uns wichtigen Strukturen, z.B. von Familienstrukturen, darstellen. Diese Strukturen haben eine Ordnung. Diese Ordnungen wurden auch durch Erfahrungen bei Aufstellungen gefunden und immer wieder bestätigt.

Nachfolgend finden Sie die Sammlung von wichtigen »Prinzipien«, die auf unser Zusammenleben wirken.

Ruhe und
Gelassenheit

WAS ICH TUN KANN

Ich kann mich mit den nachfolgenden Prinzipien befassen. Was mich anspricht, kann ich versuchen, in mein Leben zu bringen. Das kann ich tun, um meine Sicherheit, meine innere Sicherheit aufzubauen. Eine Sicherheit, die in mir entsteht, aus mir entsteht – im Gegensatz zu einer Sicherheit, die nur im Außen ist. (Sinngemäß zitiert aus Insa Sparrer: *Wunder, Lösung und System* und Gert Höppner *Heilt Demut – wo Schicksal wirkt?*)

Basis:
: Das Gegebene muss anerkannt werden. Beispiel: »Meine Eltern sind genau die richtigen für mich.« Dies ist die Voraussetzung für alle weiteren Grundannahmen.

1. Prinzip:
: Gleichwertige Zugehörigkeit. Jedes zugehörige Mitglied des Systems ist gleichwertig. Da dieses Prinzip die Existenz des Systems und seiner Grenzen sichert, steht es an erster Stelle. Es zeigt sich in Aufstellungen, dass ausgeschlossene, verachtete, unwürdig behandelte Menschen durch später Geborene wieder in Erinnerung gebracht werden. Beispiel: Ein nicht geachteter erster Partner wird von einem Kind aus zweiter Beziehung vertreten, d.h. krank.

2. Prinzip:
: Reihenfolge. Das Frühere hat Vorrang vor dem Späteren. Beispiel: Die Kinder aus erster Ehe gehen vor (z.B. vor dem Partner in zweiter Ehe) oder der erste Partner war zuerst da und muss dafür geachtet werden.

3. Prinzip:
: Einsatz. Wer den höheren Einsatz für das System bringt, hat Vorrang. Beispiel: Vereine. Zugehörigkeit erwirbt man sich meist durch Zahlen eines Beitrages und Anwesenheit.

4. Prinzip:
: Leistung. Wer mehr kann, im Sinne von Leistung, hat Vorrang vor anderen. Dieses Prinzip ist in unserer Leistungsgesellschaft sehr bekannt. Und zu stark bewertet. Es steht an letzter Stelle der Grundannahmen. Nimmt aber den ersten Platz im Bewusstsein der meisten ein.

Wir treffen so viele Menschen in unserem Leben. Lieben, verlieben werden wir uns nur in wenige.

Könnte es sein, dass die Konflikte in unserer Leistungsgesellschaft mit dadurch entstehen, dass die Fokussierung auf materiellen Wohlstand über die Existenzsicherung für die Familie hinaus zu Unzufriedenheit, unstillbaren Konsumwünschen, übergroßem Sicherheitsbedürfnis führt? Wir suchen Menschen, die uns Sicherheit anbieten. Die erfolgreichsten Politiker sind die, die uns den Eindruck vermitteln, ihren Job gut zu machen, indem sie unserem Sicherheitsbedürfnis gerecht werden.

Ein erfolgreicher Unternehmenschef sagte: »Ich verkaufe jeden Tag Sicherheit: Das Produkt muss stimmen, aber genauso wichtig ist, dass die Kunden, die Banken, die Aktionäre, mir glauben, was ich sage. Sie wollen Sicherheit von mir, Berechenbarkeit!« Die Suche nach Sicherheit endet nie. Aber wir können unsere emotionale Abhängigkeit von ihr verringern, indem wir uns über die Wirkmechanismen klar werden.

Alles ist Wandlung, nichts bleibt.
(I Ging)

Trennung, ein kleiner Tod

Manche erleben ihre Trennung wie das Sterben eines Teils von sich. So war es bei mir. Deshalb möchte ich hier ein paar Worte zur Ernsthaftigkeit im Angesicht des Todes sagen.

Vor einiger Zeit hatte ich mit dem nahenden Tod in meiner Familie zu tun. So nahe war ich dem Tod eines geliebten Menschen noch nie gekommen. Der Tod bezieht seine Kraft durch die Endgültigkeit, in der er uns erscheint. Er beendet das Alte und macht Platz für Neues. Gerade in Bezug auf den Umgang mit Trennung habe ich für mich daraus die Lehre gezogen, dass es in Anbetracht unserer begrenzten Zeit hier keine Zeit gibt für Kraftverschwendung und unnötige Emotionen. Lassen Sie es nicht zu, dass fremde Meinungen die Stimme Ihres Herzens übertönen. Lassen Sie sich nicht davon abbringen, der Stimme Ihres Herzens zu folgen. Unsere Zeit, die uns bleibt, ist dafür zu kostbar.

Die Veränderung des Standpunktes kann dazu führen, Leben und Tod anders sehen zu lernen. Die immer gleichen Fragen, das Woher, Wohin, aus Nichts, ins Nichts, das ist uns zu wenig, dafür würde sich ja die ganze Plackerei nicht lohnen. Da muss doch mehr sein. Ein Sinn für das Ganze, ein Zweck. So sagen manche: Wir sind lebenslang in der Schule des Lebens. Sind das alles Konstrukte unseres Verstandes, der begreifen will, verstehen will, Sinn finden will? Wenn er keinen Sinn findet, dann schafft er Sinn.

Ich kann dir sagen,
wie du es tun musst,
damit es gelingt,
und du wirst es vergessen.
Ich kann es dir zeigen,
und du wirst mich kopierer
Nur wenn du es selbst tust
wirst du wirklich verstehe

Chinesisches Sprichwort

Ich habe das Bild von einer Art »Auswirklich-keit«, in der wir leben. Als »Auswirklichkeit« soll bezeichnet werden, dass da eine Wirklichkeit jenseits der für uns sicht- und erfahrbaren ist, die sich auf uns alle auswirkt. Diese Wirklichkeit ist das Gegenstück zu unserer Welt hier. Wir leben in den Auswirkungen dieser Welt. Die Kunst erreicht diese »Auswirklichkeit«. Wenn das Wort »schön« nicht mehr ausreicht, wenn wir innerlich ergriffen sind: von der Skulptur, dem Musikstück, dem Bild. In der Natur sehen wir in diese »Auswirklichkeit« hinein. Im Wald können wir das Schweigen hinter dem Schwei-gen hören. Rituale verbinden uns mit der »Aus-wirklichkeit« und lassen für kurze Zeit einen Ein-blick zu. Die Erotik lässt Erfahrungen über diese Wirklichkeit in uns entstehen. Unsere Wirklich-keit und die »Auswirklichkeit« sind beide Teile eines Ganzen.

Es ist das Ganze, was wir wahrnehmen könnten. Die Wirklichkeit, aus der wir kommen und in die wir wieder zurückgehen. Und die »Auswirklichkeit«, in der wir uns im Moment aufhalten. Wir sehen immer nur einen Teil die-ser Erde. Wir wissen, dass gleichzeitig die ganze Erde vorhanden ist, aber wir können immer nur Ausschnitte nacheinander wahrnehmen. Wir haben diese Einheit vergessen. Weil wir das Ende des Lebens nicht als Neubeginn von etwas anderem betrachten, empfinden wir es als end-gültigen Verlust.

»Das Zusammentreffen von zwei Persönlichkeiten
ist wie die Mischung zweier verschiedener
chemischer Körper: Tritt eine Verbindung
überhaupt ein, sind beide gewandelt.«
C. G. Jung

»Man kann die Welt nur verändern,
indem man sich die Menschen so zurechtliebt,
wie man sie gerne hätte.«

Juppy (UFA-Fabrik, Berlin)

»Im Konfliktfall neigen beide Partner dazu,
die Schuld im anderen zu sehen.
Beide sind überzeugt, das Ihre zur Lösung des
Konflikts zu tun, und wenn das Problem dennoch
fortbesteht, dann muss es die Schuld des anderen
sein, denn wo sonst könnte sie denn liegen?
Ein Drittes scheint es bei zwei Personen ja nicht
zu geben. Dennoch gibt es das, denn jede Beziehung
(gleichgültig ob zwischen Atomen, Zellen, Organen,
Menschen, Nationen usw.) ist eben mehr und
andersgeartet als die Summe der Bestandteile,
die die Beziehungspartner in sie einbringen.«

Paul Watzlawick, Vom Schlechten des Guten

Partnerbeziehung verändert uns ständig

Wir treffen viele Menschen in unserem Leben. Lieben, verlieben werden wir uns nur in wenige. Wenn dieses wunderbare Geschenk der Liebe zu einem Menschen uns erreicht, sind wir entbrannt. Die Frage, ob es Zufall ist oder Vorherbestimmung, dass zwei Menschen zusammenkommen, ist spannend.

Was tut das Leben mit uns? Das Leben gibt die Antworten auf unsere Fragen. Das Voranschreiten der Ereignisse zeigt uns, was zu tun ist. Die Verbindung zweier Menschen wandelt beide. Wer kann am Beginn einer Beziehung garantieren, wie lange er in der Lage sein wird, die Beziehung zu erhalten?

Wir sind zwar angetreten mit dem Wunsch, für immer zusammenzubleiben. Es ist der Wunsch, nicht alleine zu sein, Hilfe zu bekommen, einen echten Gesprächspartner zu haben. Wir alle haben diesen Wunsch. Die christliche Religion fordert: »... zu lieben in guten wie in schlechten Zeiten«. Das ist die Basis für eine Partnerschaft. Es gibt die Beziehungen, die ein Leben lang halten und gut waren. Aber es gibt auch die Beziehungen, die ein Leben mit der Zeit mühevoll und schwer machen.

Wenn die Entwicklung zu ungleichzeitig oder in zu gegensätzliche Richtungen verläuft, stellt sich irgendwann die Frage, ob beide noch genug Gemeinsames verbindet. Es stellt sich die Frage, ob unter den veränderten Bedingungen der eigene Lebensentwurf noch gelebt werden

Liebe erinnert sich nicht.

kann. Ob jeder noch vor sich selbst geradestehen kann. Oder ob die Partner sich schon zu sehr verbogen haben unter dem Druck, sich anzupassen, nicht auszuscheren, zu genügen. Genüge ich mir noch? Bin ich noch auf dem Weg, meinem inneren Wesen gerecht zu werden? Kann ich, wenn es morgen zu Ende wäre, sagen: »Es war kein leichtes, aber ein erfülltes Leben«?

Ein Drittes wird durch den Kontakt zweier Menschen geschaffen, indem sie in Beziehung treten. Dieses Dritte ist die Beziehung als solche. Sie verändert beide. Diese Beziehung kann nur zwischen diesen beiden Menschen entstehen. Sie wäre anders, sobald ein anderer Partner »im Spiel« wäre.

Der gute Weg des Gehenlassens und des Gehens

»Gehen lassen in Liebe« ist eine große Übung, die Respekt verdient, wenn sie gelingt, die aber auch, wenn noch etwas zu tun bleibt, Achtung einfordert. Gehen lassen zum rechten Zeitpunkt. Es ist schwer für Eltern, ihre Kinder gehen zu lassen ohne Forderungen, wie sie zu sein haben. Kinder in ihr Leben gehen zu lassen kostet Kraft und Überwindung.

Khalil Gibran sagt: »Eure Kinder sind die Söhne und Töchter der Sehnsucht des Lebens nach sich selbst.« So kann ich von meinen Eltern gehen und sie beide lassen: Ich kann das, was sie mir als ihr Bestes gaben, annehmen, behalten. Ich kann das, was ich nicht haben wollte, bei ihnen lassen. So gibt es keinen Grund, sie zu kritisieren oder sie nach meinen Wünschen ändern zu wollen. Sie sind gut so, wie sie sind. Ich ändere die Dinge in meinem Leben, wie sie sein sollen, dafür brauche ich nicht mehr den Segen der Eltern! Dafür nehme ich die Verantwortung und bin bereit, die Folgen zu tragen.

Gehen lassen heißt auch, den anderen gehen lassen, ihm nichts in den Weg stellen, anerkennen, dass es wichtige Menschen im Leben des anderen gibt, vielleicht sogar im Moment noch wichtigere, als ich es gerade bin. Diesen undenkbaren Gedanken denken: Es könnte sein, dass der neue Mensch im Leben meines Partners für ihn noch wichtiger ist als ich.

Zur rechten Zeit gehen lassen und gehen. Wann ist die rechte Zeit? Nur Sie selbst wissen, wann die rechte Zeit ist. Diese Verantwortung wird und kann Ihnen niemand abnehmen. Es gibt nur einen Wegweiser:

Wenn Sie sich nicht sicher sind, bleiben Sie, wo Sie sind und verändern Sie Ihre Situation gemeinsam mit Ihrem Partner.

Das Leben, Ihr Leben, verschafft Ihnen die Klarheit, die Sie brauchen. Zweifeln heißt auch, andere Möglichkeiten in Betracht ziehen. Gehen Sie Ihren Weg.

Liebe schließt alles ein. Liebe schließt auch ein, auf einen Menschen zu verzichten. Liebe schließt auch ein, getrennt zu sein und sich weiter mitmenschlich verbunden zu fühlen. Liebe ist auch gehen lassen, ist Verabschiedung von vordergründigen Gefühlen wie Zorn, Hass, Eifersucht.

Trennung in Liebe bedeutet, der Liebe, dem Leben die Ehre zu geben, nicht oberflächlichen Gefühlen, Verletztheiten, die bald wieder vorüber sind. Zur Liebe gehört, die Veränderung des Partners zu respektieren. Geschieht das in Mitgefühl mit dem Partner, ist für beide Trennung in Liebe möglich. Trennung in Liebe bedeutet anzuerkennen, dass wir Teil von etwas Größerem sind, dass Kräfte auf uns wirken, denen wir uns nicht entgegenstellen können.

Die erfolgreiche Partnerschaft ist das Ziel menschlichen Zusammenseins. Wir alle tun das

Liebe ist auch
gehen lassen.

für unsere Beziehungen, was wir können. Ich behaupte, es gibt keinen in einer Beziehung, der dem anderen absichtlich schaden will. Das Schadenwollen ist immer eine Reaktion auf ein Verhalten, z.B. sich bedroht fühlen, sich ungerecht behandelt fühlen. Wenn wir dieses Reagieren verändern, ist Lösung möglich.

Oft sind wir nicht in der Lage, dieses hohe Ziel der erfolgreichen Partnerschaft zu erreichen. Was heißt erfolgreiche Partnerschaft? Es ist wieder eine Standpunktfrage. Sehe ich es aus dem Blickwinkel der Institutionen, ist vorgegeben: »Bis dass der Tod euch scheidet.« Wir sollten entscheiden, ob wir diese Spielregeln für uns gelten lassen. Wir haben diese Wahl. Wir haben die Verpflichtung, alles zu tun, was eine Beziehung lebenswert macht. Aber wir haben auch die Verpflichtung, dem Partner zu sagen: »Ich kann nicht mehr.« Bis dass der Tod euch scheidet kann auch heißen, dass die Beziehung tot ist und die Partner scheidet, trennt. Vielleicht ist das die ursprüngliche Bedeutung dieses Priesterrates.

Ehrlich zu der Situation sein und sagen, wenn es stimmt: »Ich kann das nicht mehr tragen. Es ist zu viel für mich, lass uns einen Weg finden, der uns allen in der Familie gut tut, auch mir.«

Wer sagt, dass nur die klassische Ehe oder der totale Bruch gangbare Wege sind? In einer unserer Glaubensgemeinschaften kann z.B. eine Ehe für »nichtig« erklärt werden. Dann ist eine erneute Trauung vor dem Altar möglich. Dabei spielt es keine Rolle, ob es Kinder aus der ersten Ehe gab, die Ehe kann trotzdem als »nichtig« erklärt werden. Es muss einer der folgenden drei Gründe vorliegen, um eine Annullierung der Ehe erwirken zu können: Es waren keine Kinder gewollt von einem der Partner, ein Partner hatte nicht vor, treu zu sein, ein Partner hatte nicht vor, bis zum Tod mit seinem Partner zusammenzubleiben.

Wir folgen oft fremden Spielregeln. Wenn wir die Spielregeln danach hinterfragen, ob sie noch die unseren sind, beginnen wir authentischer zu werden, mit uns selbst, aber riskieren den Konflikt mit z.B. der Glaubensgemeinschaft. Manchen ist das zu mühsam. Ich glaube daran, dass es ein Gewinn für den Einzelnen und die Gemeinschaft sein wird, wenn dieser Konflikt mit Achtung und Respekt vor der Meinung des anderen ausgetragen wird.

Achtung für
den Partner

Achtung erweise ich, indem ich dem Partner unterstelle, dass er das Beste getan hat, was ihm möglich war.

Achtung für den Partner zeige ich, indem ich ihm danke für das Gute, was ich von ihm bekommen habe. Achtung erweise ich, indem ich dem Partner unterstelle, dass er das Beste getan hat, was ihm möglich war. Was er nicht getan hat oder unterlassen hat, brauche ich nicht anzumahnen: Es war ihm im Moment nicht möglich, sonst hätte er es getan. Kein »Hättest du nur …«, kein »Warum hast du nicht …«.

Achtung gebe ich, indem ich die Angst achte, die mein Partner vor der Trennung hat. Indem ich das, was ich tat, zu mir nehme, und sein Tun bei ihm lasse. Ich achte den Partner, wenn ich anerkenne, dass wir unsere Eheversprechen nicht halten konnten. Ich achte meinen Partner, indem ich keine Schuld zuweise und keinen Vorwurf mache. So erreiche ich Trennungsfähigkeit und Partnerfähigkeit.

Achten werde ich meinen Partner in unseren gemeinsamen Kindern, indem ich die Kinder zu ihm lasse und damit einverstanden bin. Haben wir keine gemeinsamen Kinder, schätze ich das, was wir an Schönem gemeinsam erlebt haben. Den Partner achte ich auch, indem ich dem Kind sage: Dein Vater, deine Mutter ist genau der/die richtige für dich. Indem ich die guten Dinge erwähne, z.B.: »Deine Mutter kann super nähen.«

Ich erkenne an, dass nicht immer alles perfekt und fertig sein kann. Manches bleibt auf dem Weg. Ich gebe mein Bestes und der andere auch.

Das sind Ziele. Ich erreiche Ziele, wenn mir das Ziel erstrebenswert erscheint. Wenn ich weiß, die Mühe lohnt sich. Wenn es sich lohnt, das, was ich habe, dafür aufzugeben oder zu verändern. Das Ziel ist: In Frieden mit mir zu leben. Da geht es nur um mich. Da ich mich selbst nicht sehen kann, werfe ich, wie ein Diaprojektor, meine Bilder auf die »Partnerleinwand«. Wir sehen nur das, was wir zu sehen gelernt haben und zulassen können.

Scheidung/Trennung als ein Initiationsritual

In ursprünglichen Kulturen ist Initiation der erste Schritt vom Jugendlichen zum Mann. Initiation beginnt normalerweise bei Jungen nach der Pubertät mit ca. 16 – 18 Jahren. Sie markiert das Ende der Kindheit. Das Erwachsenwerden beginnt. Initiation ist der Anfang von etwas Neuem (lat. *initiare* = beginnen). Das Ende von etwas Bekanntem. Initiation geht weiter bis zum Tod.

Natürlich sind die Zeitpunkte, an denen ein Lebensabschnitt endet oder beginnt, von Mensch zu Mensch unterschiedlich. Durch das Ritual wird der Übertritt in einen neuen Lebensabschnitt bewusst vollzogen. All das geschieht bei der Initiation in den traditionellen Stämmen Afrikas – und ebenso bei einer heutigen Scheidung. Holen wir damit die nicht gemachten Schritte unserer Jugend nach? James Hillman, Michael Mead und Malidoma Somé, die Erfahrung mit Initiation haben, sagen über den Prozess:

1. »Ich werde initiiert, d.h. ein anderer stellt die Bedingungen, da ich das Wasser (die Bedingungen) zu heiß oder zu kalt machen würde.«
2. »Initiation geschieht zu einem Thema, z.B. Angst. Ich erlebe meine Angst sehr verstärkt in mir, verstärkt durch meine gesteigerte Aufmerksamkeit.«

**In Initiation gehe ich
tiefer in die Wunden,
die ich habe.
Es bleibt eine Narbe,
sichtbar für andere.**

3. »Trennung ist ein Teil von Initiation. Trennung von den Eltern, der Eltern-Kind-Beziehung. Neue Bindung mit den Ahnen, den Mythen, mit dem Tod entsteht. Initiation ist der Tod von etwas. Tod und Initiation sind Partner. Ich nehme meinen Tod als etwas Unausweichliches wahr.« Dann kann ich das Leben, welches mir bleibt, ganz leben.
4. »Initiation ist unumkehrbar. Initiation hat mehr mit erwählt werden zu tun als mit Wahl. Es gibt keine Wahl bei Initiation, es passiert mir.« Das ist schwer anzunehmen in einer Zeit, in der wir meinen, bei allem die Wahl zu haben.
5. »In Initiation gehe ich tiefer in die Wunden, die ich habe. Nach der Initiation ist etwas für immer in mir geändert. Es bleibt eine Narbe, sichtbar für andere.« Bei Scheidung ist das der Stand »geschieden«.
6. Initiation macht mich vertraut mit meinen Schwächen. Ich lerne, meine Schwächen zu mir zu nehmen, anzuerkennen. Indem ich diese Verletzungen spüre, fühle, anschaue, werde ich ganz. Damit kann ich Menschen mit ähnlichen oder anderen Verletzungen achten. Mir erwächst Stärke und Klarheit, indem ich dort schwach sein darf, wo ich es bin.

**Initiation dauert
das ganze Leben.**

Fast alle genannten Schritte erfahren Menschen, die sich trennen: Trennung bei Paaren hat die Qualität von Initiation. Es wird, manchmal zum ersten Mal, ernst. Ich muss mich mit meinen Ängsten auseinander setzen. Eine extreme Veränderung in der Qualität der Partnerschaft ist gefordert, sonst geht alles so weiter wie bisher. Alles steht auf dem Spiel. Trennung passiert. Einer in der Beziehung wird meistens davon überrascht, indem der andere die Trennung will, er/sie aber nicht. Ziel von Initiation ist Erwachsenwerden. Dasselbe Ziel hat Partnerschaft auch. Ist Erwachsenwerden in der Partnerschaft nicht möglich, wird es möglicherweise durch Trennung erlebt.

Der Partner, der zurückbleibt

Lieben heißt auch gehen lassen. Gehen lassen, wohin der/die andere will oder muss.

Abschied muss man üben, sonst tut er zu weh.

Trennen sich zwei Menschen oder eine Familie, fühlen sich manche zurückgelassen. »Du hast alles zerstört«, kann das niederschmetternde Urteil dann lauten. Der Lebensentwurf eines Partners scheint auf grausame Art und Weise verworfen zu sein. Schuld, Schmerz regiert. Der andere wird beschuldigt, diese furchtbare Situation heraufbeschworen zu haben.

Sehr oft sind Schuldzuweisung und Verurteilung die schockierte Reaktion auf ein Verhalten des anderen, das man sich nie hätte träumen lassen. So etwas trifft doch immer nur die anderen ... Man reagiert zutiefst enttäuscht! Man ist auch zutiefst getäuscht vom Bild der Beziehung, hat dem anderen nicht zugetraut, dass er es wirklich tut. Der zurückbleibende, passive Partner geht oft den Weg des Leidenden, des Überrumpelten. Er projiziert wie ein Filmprojektor seine Gedanken, Erwartungen, Erfahrungen auf den Partner.

Er fühlt sich als der Zurückgelassene, der für all das nichts kann, na ja, zumindest nie den Anlass gab zu dieser Trennung. Und bitte, aus seiner Sicht hat er Recht. Und er bekommt natürlich auch Recht. Von Freunden, die sich nach oder schon vor einer Trennung auf eine Seite geschlagen haben. Von Eltern, Schwiegereltern, Verwandten, die sich jetzt meinen entscheiden zu müssen, auf welcher Seite sie stehen wollen. Der Partner, der zurückbleibt, gilt oft als Opfer, der oder die Arme, »Das hat er nicht verdient« oder »Wie konnte er sie nur allein lassen«.

Sie bekommen das zu hören, was Sie wollen. Sie brauchen jetzt eine Lösung Ihrer Situation. Kein parteiisches Palaver, das Sie bestärkt oder kritisiert. Woher sollen die Gesprächspartner hilfreiche Ratschläge nehmen? Die meisten hängen doch mit ihren Beziehungen genauso in der Luft. Es gibt leider noch keine Trennungskultur. Sie können jetzt damit beginnen, eine Qualität zu schaffen, die Ihnen direkt weiterhilft. Und später auch anderen ein guter Wegweiser sein kann. Was Ihnen hilft im Umgang mit sich und dem Partner, der sich getrennt hat: Lassen Sie das, was zu Ihrem Partner gehört, bei ihm. Nehmen Sie das, was Ihr Anteil ist, »auf Ihre Kappe«, und nehmen Sie Ihre Verantwortung zu sich.

Danken Sie Ihrem Partner für die schöne Zeit, die Sie zusammen hatten. Wenn Sie die Trennung nicht wollen, sagen Sie das klar und liebevoll. Sie können den anderen Menschen nicht zwingen. Lösung kann auch Loslösen bedeuten.

Auf das »Wie« kommt es an, nicht auf das »Warum«.

Sie sind in der Lage, auch das hier zu schaffen.

Tun Sie sich etwas Gutes! Sorgen Sie für sich! Jetzt kann dafür Zeit und Raum sein. Erfüllen Sie sich die Wünsche, die Sie immer schon hatten. Lieben heißt lassen, auch gehen lassen.

Sehen Sie die guten Aspekte dieser »Entwicklung«. Hier wickelt sich etwas ab, das anzuschauen viele keinen Mut haben. Was da ans Tageslicht kommen kann, ist nichts anderes als Ihr Kern, Ihr Wesen, zumindest Teile davon.

Ermutigen Sie sich, die Schattenseiten Ihres Seins zu sehen. Es gibt Lektionen zu lernen. Jetzt ist eine sehr gute Zeit dafür. Sie sind in der Lage, auch das hier zu schaffen.

Sie tun sich etwas Gutes, indem Sie Ihren Hass, Ihre Eifersucht, Ihre negativen Gefühle anschauen, nicht verdrängen.

Indem Sie in eine Beobachterhaltung wechseln und sich und die anderen und ihre Reaktionen beobachten. Indem Sie diese Kraft zu sich nehmen, anerkennen, integrieren, dazu stehen, es als Teil von sich sehen, als einen Teil, den jeder Mensch sonst gerne von sich weist. Als einen Teil, mit dem keiner gerne etwas zu tun haben möchte. Weil es schwer ist, auch das zu sein, auch so zu sein. Nur indem wir sie sehen, können wir diese Anteile, die jeder hat, heilen. Wir haben die Wahl, ob wir sie immer wieder ausleben müssen oder ob wir lernen, damit umzugehen. Zu beobachten: Ich würde jetzt am liebsten draufhauen, aber es nicht zu tun. Wenn ich mir das Vorhandensein meiner Schattenseiten eingestehe, kann ich sie verarbeiten. Versuchen Sie Anschluss an sich zu bekommen.

»Was soll dieser Blödsinn! Die/der soll gefälligst wieder zurückkommen, dann sehen wir weiter ...« Das könnte Ihr Standpunkt sein. Gehen wir mal davon aus. Hilft Ihnen ein solcher

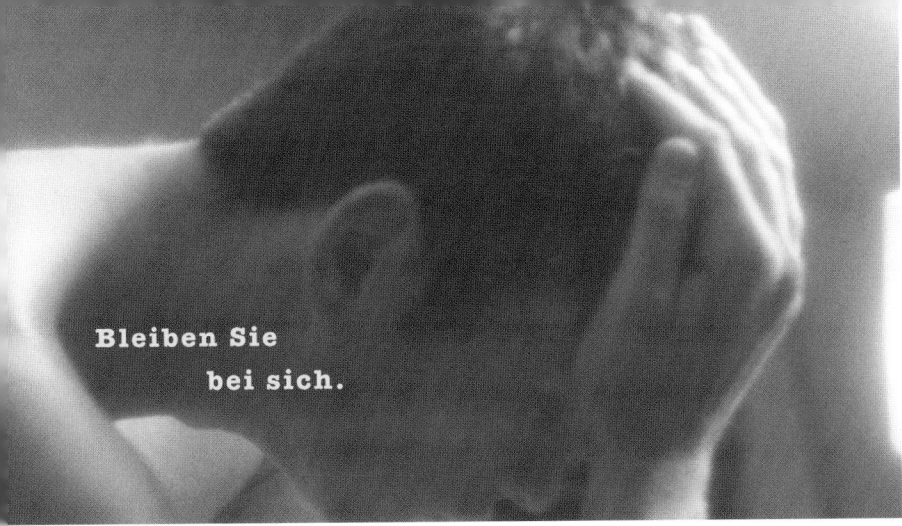

Bleiben Sie
bei sich.

Standpunkt? Hat er einen Einfluss auf Ihr Handeln? Ja, denn damit sind Sie handlungsunfähig. Sie begeben sich in Abhängigkeit von den Handlungen des Partners, indem Sie Ihr Glück/Unglück vom Zurückkommen des Partners abhängig machen. Ändern Sie Ihre Standpunkte selbst, bevor Sie dazu gezwungen werden, durch Druck von außen, Schicksal, Leid, egal wie wir es benennen.

Sie wollen, dass alles bleibt, wie es war? Sie wollen keine Veränderung? Sie sind sogar bereit, das Machtspiel zu spielen? Sie würden auch das Abwertungsspiel bestreiten? Tut es Ihnen gut, diese Beziehung zu kontrollieren? Was hat diese Kontrolle Ihnen gebracht? Gilt tatsächlich nur Ihre Wahrheit? Gibt es nur entweder oder? Werden Sie durchhalten bis zum »bitteren Ende«?

Sie können besser mit Ihren Kräften umgehen. Bleiben Sie bei sich. Jetzt. Denken Sie an die Liebe zu Ihren Kindern. Denken Sie an die Liebe, die zwischen Ihnen war. Diese Liebe hat Besseres verdient, als jetzt von irgendwem in den Dreck gezogen zu werden. Anschluss finden an das, was Sie tief in sich sind. Was Sie immer schon gespürt haben. Anschluss an den, mit dem Sie reden, wenn Sie allein sind.

Anschluss an das, was Ihnen Kraft gibt, wenn Sie unten sind. Anschluss an das, was Sie nachts erfrischt, so dass Sie morgens wieder Kraft haben. Beten Sie, wenn Sie können. Glauben Sie, dass das alles kein Zufall ist. Es hat seinen tiefen Sinn. Es passiert, damit es weitergeht. Weiter auf Ihrem Weg. Sie können die Chance nutzen. Sie haben die Wahl, wie Sie damit umgehen. Erkennen Sie, dass unser Menschsein in etwas Größerem aufgehoben ist. Dass wir das meiste, wenn überhaupt, erst in der Rückschau zuordnen oder verstehen können.

Keiner kann Sie drängen, wenn Sie es nicht zulassen. Keiner weiß besser, was gut für Sie ist,

Anschluss finden an das,
was Sie tief in sich sind.

als Sie selbst. Gestehen Sie dem anderen freies Handeln zu. Spüren Sie die Liebe zu sich, wie Sie sich lieben können, indem Sie sich an Erfolge erinnern, an Momente, in denen Sie von anderen um Ihrer selbst willen geliebt wurden. Spüren Sie, fühlen Sie, wie es war, als Sie bei sich daheim waren. Wenn Sie diese Liebe noch nicht gespürt haben, ist jetzt vielleicht der Moment, in dem diese Liebe in Ihnen aufsteigen kann.

Für alle ist genug Liebe da.

In den später folgenden Kapiteln »Im Anschluss sein mit mir« und »Auf mein Herz hören« geht es genau darum.

Ja, es tut weh. Trennung tut weh, Trennung ist ein kleiner Tod. Es stirbt etwas. Aber Sie sterben nicht. Ihr Leben geht weiter. Benützen Sie diese Trauer, dieses Leid, um abzuschließen.

In Anschluss mit sich kommen heißt: Sich vor dem Leben als etwas Größerem, in Gedanken und in innerer Haltung, zu verneigen. Anzunehmen, was ist. Respekt vor sich und dem anderen zu haben. Sich und dem anderen die Ehre zu geben. In Anschluss mit sich kommen, sein und bleiben, kann ein Ziel sein, ein Ertrag, den Sie aus dieser Situation gewinnen können. Es kann Ihr Leben verändern. Sie können eine wirkliche Beziehung zu sich aufbauen! Wie leicht kann es dann sein, zu einem geliebten Menschen eine neue Beziehung zu finden oder die bisherige Beziehung völlig neu zu definieren.

Im Anschluss mit sich sein meint, in die eigene Kraft kommen. Bei sich sein. Sich darüber klar werden, was ich will. Das ausdrücken können, was ich bin. Sich wehren können. Beschützen können. Lieben können. Geliebt werden, zulassen können. Geben können.

Wenn ich mit mir in Verbindung bin, weiß ich, was zu tun ist. Vielleicht nicht sofort, aber Tag für Tag mehr. Gehen Sie weiter auf Ihrem Weg. Keiner kennt ihn besser als Sie. Nehmen Sie die Kraft zum Handeln zu sich. Vielleicht sind Sie der Meinung, Rat zu brauchen, sich mit einem Berater oder Therapeuten besprechen zu wollen. Das kann hilfreich sein, aber nur wenn Sie, danach, die Zügel wieder in die Hand nehmen und eigenverantwortlich weitergehen.

Keiner weiß besser,
was gut für Sie ist,
als Sie selbst.

Die kindlich-symbiotische Beziehung

Erste, große, tiefe Beziehungen, Ehen haben oft nach dem Ende der Verliebtheit als Grundlage das hilflose Gefühl eines Kindes. Die da draußen, die böse Welt, und wir beide. Wir müssen nur ganz fest zusammenbleiben, dann bleibt alles gut. Wir schaffen uns eine eigene, sichere Welt mit kindlichen Zärtlichkeiten, kindlichen Liebkosungen; solange wir zusammenhalten, ist alles gut.

Ein kindliches Gefühl des Alleingelassenseins haben viele Erwachsene, die immer schon auf sich selbst gestellt waren. Auch Männer, die im Berufsleben vermeintlich ihren Mann stehen; oft sieht man ihnen diese Hilflosigkeit nicht an. Meist sind es Männer, die dann auf die oben beschriebene Weise den Schutz der Ur-Mutter bei ihrer Frau suchen. Solche Männer trifft eine Trennung ins Mark. Dann werden wir von einer Trennung überrollt. Empfinden sie als Verrat an unserer so sicher geglaubten Beziehungswelt. An dieser scheinbar letzten Sicherheit, vor dem Tod. Deshalb glauben wir, die Scheidung wäre wie Sterben. Deshalb fühlen wir uns existentiell bedroht, drohen dem Partner sogar mit Selbstmord und Gewalt, wenn diese totale Bedrohung unseres Lebens nicht total zurückgenommen wird.

Vielleicht ist es möglich, beim ersten Mal mit Druck, unserer gespielten Hilflosigkeit oder mit Macht die Frau/den Mann wieder in die Beziehung zurückzudrängen. Wir werden jedoch erst unseren Frieden finden, wenn wir daran gehen, unsere Wunden, die möglicherweise aus unserer Kindheit stammen, zu heilen.

In der Verliebtheit sagen wir: »Nur mit dir kann ich überleben ...«, »Ich brauche dich so sehr wie meinen Atem zum Leben ...«. In der Liebesbeziehung danach raubt uns diese Einstellung die Kraft, erwachsen zu werden. Diese Haltung tötet die Beziehung auf lange Sicht. Das hält kein Partner lange aus. Ein Lösungsweg beginnt genau da, wo Veränderung wehtut.

Eine Lösung finden wir, wenn wir sehen, wie viele Männer und Frauen nach der zerbrochenen Beziehung weiterleben in dem nicht endenden Vorwurf an den gegangenen Partner: »Du hast mein Leben zerstört.« »Du bist schuld, dass es mir so schlecht geht, ich bin unschuldig.« Das ist ein Kindergefühl. Wir fühlen uns dann klein und nicht erwachsen.

Die Zeiten haben sich verändert. Ich bin nicht mehr dieses Kind, das damals hilflos war. Ich bin älter geworden und kann mir überlegen, ob ich dieses Gefühl noch brauche. Oder was ich damit erreichen will. Dieses Gefühl verhindert Veränderung. Ich kann auch versuchen, so zu bleiben, kindlich unschuldig, indem ich denke: »Mein Expartner ist jetzt auch da draußen bei den Bösen. Jetzt bin ich ganz allein.«

»Ich suchte eine heile, beschützte Beziehung in der Ehe«: So empfinden heute viele. Ein Erklärungsmodell ist: Männer und Frauen haben

Sind Sie bereit, anzusehen, was ist?

nicht aufgehört, Kind zu sein. Wir sind in manchen Aspekten unseres Seins noch Kinder. Manchmal ist es auch schön, sich noch wie ein Kind freuen zu können. Das tut mir gut, deshalb behalte ich es. Es ist gut, den Anschluss an die eigene Kindheit zu bewahren. Es soll nicht die gute Verbindung zu meinem Kindsein verändert werden. Aber werden Sie sich der Verhaltensweisen, Muster, Gefühle bewusst, die Sie unmündig halten. Ich könnte mich auch fragen: Was habe ich davon, dass ich dem anderen noch grolle? Ich könnte auch sagen: Jetzt ist meine Kindheit vorbei, ich bin erwachsen und verhalte mich in dieser Trennungssituation verantwortlich.

Ein guter Anfang ist, die Eltern so zu lassen, wie sie sind, und selbst die Verantwortung für sich zu nehmen. Denn als Kinder übernehmen wir manchmal aus Liebe für die Eltern Schweres. Manche Kinder wollen damit das Schwere den Eltern nicht zumuten. Sie erleben die Eltern als schwach und klein. So können Kinder von den Eltern nicht nehmen. So kommen sie von den Eltern nicht los und können selbst nicht erwachsen werden. Sie bemitleiden die Eltern für ihr Sosein, machen die Eltern für ihr eigenes Unglück verantwortlich. Manchmal trennen sich große Kinder dann im Hass von ihren Eltern oder Partnern. Es kann helfen, die schwere Last zurückzugeben, dorthin, wo sie herkam.

Viele Ureinwohner und auch unsere eigenen Vorfahren haben ihre Jugend rituell abgeschlossen. Wir können lernen, wie sie damit umgegangen sind. Männer lieben Rituale, um eine Zeit symbolisch zu beginnen oder zu beenden. Zum Erwachsenwerden des Mannes gehört die Initiation. Sie ist der Abschluss der Kindheit. Der Beginn des Mannwerdens. Dieser Prozess dauert ein Leben.

Brauchen Frauen Initiation? Ich glaube, dass Mädchen/Frauen durch Menstruation, Schwangerschaft, Geburt und die Liebe zum geborenen Kind eine natürliche, sich selbst vervollständigende Initiation erfahren. Diese natürliche Initiation betrifft den mütterlichen Aspekt des Frauseins. Sicherlich würde eine auf die weibliche Art abgestimmte Initiation, z.B. eine Weitergabe von Erfahrungen durch ältere Frauen, das Zusammenleben von Frauen und Männern erleichtern.

Für Männer geschrieben

Mann werden
dauert ein Leben.

Natürlich bleiben die schönen und die schweren Kindheitserlebnisse da. Ich gehe in der Initiation einen von anderen Männern begleiteten Schritt ins Mannwerden. Andere Männer erzählten mir, dass es ihnen ähnlich ging, dass sie noch viel größere Schwierigkeiten hatten als ich. Andere Männer erzählten mir damals, vor langer Zeit, von einem, der keine Initiation hatte und als großes Kind weiterlebte:

»Es war einmal ein Mann, der suchte als erwachsenes Kind Schutz bei einer Frau. Dafür bekam er von ihr Verachtung in vielen Lebenslagen. Um diese Verachtung aushalten zu können und zu überspielen, musste der kindliche Mann mit viel Macht hantieren. Macht, die er gegen seine aufsässigen Kinder missbrauchte. Macht, die er gegen seine Frau missbrauchte. Macht, die er gegen seine KollegInnen missbrauchte. Macht, die er als Führer missbrauchte. Im Gebrauch dieser dunklen Seite der Macht war der Mann unglücklich und starr, selbst bei seinen Freunden nur geliebt, wenn er diese ›Als-ob‹-Stärke zeigte. Tief innen war er unglücklich, hilflos. Doch es gab einen Weg für diesen Kindermann, der verlassen von seiner Frau zurückblieb …

Zuerst suchte er Verbündete, dann versuchte er es mit Freunden, die alle Rechtswege kannten. Aber er sah: Je weiter er diesen Weg ging, desto weiter entfernten sich seine geliebte Expartnerin und seine Kinder von ihm. So ließ er die Freunde des Rechtsweges und die falschen Verbündeten ihren Weg allein gehen. Was ihn am meisten störte an sich: Er wollte kein Kindermann mehr sein. Er wollte ein richtiger Mann werden. So suchte er viele Jahre, aber er fand niemand, der ihm noch sagen konnte, wie Männer einmal waren. Er fand nur Kindermänner und Frauen, die Kindermänner gekannt hatten und sie dafür verachteten.

Da erwachte der Kindermann aus einem tiefen, Angst einflößenden Traum. Von dem blieb etwas Wichtiges: Wir Männer müssen uns selbst helfen! Wir lassen uns nicht mehr von Generälen und Politikern in Kriegen missbrauchen. Wir lassen uns nicht mehr von Frauen verachten. Wir lassen uns nicht mehr von unseren Kindern auslachen. Wir beginnen wieder von vorn. Wir hören auf, anderen nachzurennen. Wir erinnern uns an den Ur-Mann in uns, der uns führen kann. Wir finden unseren Weg selbst.«

Unser Anteil: Wir lassen uns verachten, verlachen, missbrauchen und reagieren dann mit Gewalt. Unser Job ist es, hinzuschauen und Verantwortung für unser Handeln zu übernehmen. Die Frage ist auch, was machen wir statt dessen? – Mehr für Männer ab Seite 163.

Alte und neue Bindungen

Wenn sich eine lange Beziehung trennt, wenn die Liebe gegangen ist, wenn es nichts mehr Schönes gibt, wenn die Partner sich nur noch anöden, wenn kein sichtbarer Grund für ein Zusammenbleiben mehr besteht, bleibt trotzdem eine tiefe Bindung. Diese Bindung entstand durch die körperliche und seelische Liebe, die zusammen gelebt wurde.

Diese Bindung ist ein tiefes, festes Band, das durch eine Scheidung nicht getrennt wird.

Dieses Band verbindet nicht den äußeren Partner mit mir, sondern den inneren Partner, das Bild, das ich von ihm in mir trage. Wie er/sie auf Situationen zu reagieren pflegt oder die Art zu sprechen, die Vorlieben und Abneigungen, der Tonfall, besondere Bewegungen, etc.

Es ist wichtig, diese Bindung an den vorherigen Partner zu würdigen und anzuerkennen. Von mir und von meinem neuen Partner. Sonst wendet sich die Kraft unserer vergangenen Beziehung gegen unsere jetzige Partnerschaft. Dann kann neue Liebe nur schwer wachsen.

Anerkennen der vorherigen Bindungen bedeutet: Das, was zwischen mir und dem vorherigen Partner war, ohne Wertung zu sehen. Alte Bindungen enden und heilen durch Lassen. Nicht durch Hadern mit dem, was war. Sie heilen durch Anerkennen. Jeder hat genug damit zu tun, seine eigenen Bindungen in sich zu heilen. Und doch ist die Versuchung sehr groß, den Splitter im Auge des anderen zu sehen, aber das eigene Brett vor dem Kopf nicht.

Es ist leichter, den bisherigen Partner im Streit zu verlassen. Damit bleibt Unerledigtes übrig. Damit ist diese Beziehung noch nicht zu Ende. Die Partnerschaft im Frieden zu beenden braucht Zeit, die Achtung vor sich und dem anderen und den Willen, auf das Ganze zu schauen.

Es finden sich immer genug Gründe, warum er/sie so »saublöd« war. Hilft es? Stimmt es? Oder ist es nur die emotional starke Gewichtung einer bestimmten Zeit der Beziehung? Nur die Sicht auf Teilaspekte des anderen Menschen erlaubt Ablehnung. Es gibt immer Seiten beim anderen, die Sie noch lieben oder sehr geliebt haben.

Es ist leichter, den bisherigen Partner im Streit zu verlassen, als sich in Frieden zu lassen.

Schritte, um in
einer Partner-
schaft weiter-
zukommen oder
sich in Liebe
zu trennen

Ins Handeln kommen

Die meisten Paare sind zu sehr verheiratet, zu eng aneinander gebunden. Sie ersticken förmlich das, was sie einst an dieser Verbindung liebten. In der Beratung ist es häufig ein erstes Ziel, hierfür ein Gefühl zu entwickeln. Den passenden Abstand zu schaffen ist dann der nächste Schritt. Welcher Abstand passt, muss ausprobiert und ausgehandelt werden zwischen den beiden Partnern. Wenn Sie Ihre Beziehung retten wollen, sollten Sie sich darum kümmern!

Wir betrachten eine Beziehung, die auseinander zu brechen droht, als Unglück. Sie spüren selbst, wie viel Kraft, Bindung und Substanz da ist. Alles, was war, sind Erinnerungen an die Vergangenheit dieser Beziehung. Gefühle überkommen Sie. Vielleicht Gefühle des Hasses, der Erniedrigung, des Erdrücktwerdens, des Aushaltens. Es hilft Ihnen nicht weiter, auf diesem Weg zu gehen. Sie baden in Schuldzuweisungen, Entschuldigungen und Täuschungen, auf die Enttäuschungen folgen. Hören Sie auf damit.

Sehen Sie den Tatsachen ins Auge. Seien Sie bereit, jetzt und heute, in diesem Moment eine reelle Bestandsaufnahme Ihrer Situation zu machen. Wie geht es Ihnen, wie geht es Ihrem Partner, in diesem Moment? Sind Sie bereit anzusehen, was ist? Klar und deutlich. In welcher Situation befindet sich Ihre Ehe jetzt? Gibt es Chancen, die Beziehung zu balancieren? Sprechen Sie mit Ihrem Partner über Ihre Ängste vor einer Trennung. Sprechen Sie mit ihm/ihr über das, was Sie bedrückt. Über die Angst, allein zu sein, die Partnerschaft zu verlieren. Nur Sie und Ihr Partner können etwas ändern. Fangen Sie jetzt damit an.

Tun Sie alles, um diese Partnerschaft zu retten. Durch offene Gespräche oder einen Brief, in dem alles steht, was Sie sich nie zu sagen trauten. Jetzt ist die Zeit, gemeinsam mit Ihrem Partner Änderungen herbeizuführen. Nur mit ihm/ihr gelingt es, aus dem Vergangenen zu lernen, für eine neue Gemeinsamkeit oder für ein neues Leben allein. Arno Gruen sagte in einem Vortrag: »Wir hassen im Außen, was wir an uns, in uns hassen.«

Eine mögliche Trennung kann ein Schock sein. Sie können es als großes Problem sehen. Sie können sich zermartern und sich einreden oder einreden lassen, dass Sie alles kaputt gemacht haben oder gerade kaputt machen. Wem hilft das? Ihnen nicht, dem Partner nicht und der Beziehung hilft es auch nicht. Sie werden nur etwas verändern, wenn Sie jetzt handeln und sich nicht überwältigen lassen von den erlernten Gefühlen der Schuld und Hilflosigkeit. Bleiben Sie im Moment, klar, ohne Angst. Leicht gesagt?

> **Wir hassen im Außen,**
> **was wir in uns hassen.**
>
> *Arno Gruen*

Akzeptieren Sie, dass Sie heute nichts mehr am Gestern verändern können und dass Sie nicht verändern können, was morgen geschieht. Im besten Fall können Sie nachbereiten und vorbereiten. Nur im Moment sind Sie handlungsbereit. Ansehen, was ist. Handeln. Damit erfolgt, was erfolgen soll. Das bringt Erfolg, denn Erfolg folgt dem Handeln und den Ereignissen, die uns schicksalhaft geschehen. Erfolg ist, was erfolgt.

Es folgt ständig etwas aus unseren Handlungen. Nur unsere Bewertung teilt es in Gut und Böse, in Polaritäten. In unerwünschten Erfolg und erwünschten Erfolg. Bleiben Sie beim Handeln. Die Rücksicht auf Vergangenes und die Vorsicht auf Kommendes vereiteln Handlung. Wir alle machen ständig Fehler. Die Erfolgreichen trauen sich, Fehler zu machen. Und sie stehen immer wieder auf, wenn sie vom Schicksal umgehauen wurden. Stehen Sie auf, machen Sie sich Mut. Mut zum Handeln. Mut auch, um denen zu helfen, die zu schwach sind, selbst wieder aufzustehen.

Bedenken Sie dabei: Handeln bedeutet nicht kopfloser Aktionismus, nach dem Motto: »Ich weiß zwar nicht, was ich will, aber irgendwas muss ich ja tun. Dann trenne ich mich eben!« Das ist nicht gemeint. Ein Gespräch suchen ist handeln. Sich Zeit für sich selbst und zur Gedankenklärung zu nehmen ist handeln. Handeln bedeutet, die Verantwortung für die Situation und

Es braucht keine Verlierer zu geben.

**Sie haben es verdient,
dass Sie beide gut
mit sich umgehen.**

Es liegt nahe, dass sich der verlassene Partner als Verlierer darstellt, um so jede Art von Entwicklung/Veränderung zu verhindern. Eine Partnerschaft ist kein Geschäft, das eben mal so beendet wird und dann, eben mal so, wieder begonnen wird. Menschen haben sich mit viel Herz und ihrem ganzen Sein gegeben und beanspruchen, respektiert zu werden. Die Eindrücke beider Partner sind gleich viel wert. Der eine sagt, es geht nicht mehr. Der andere sagt, es war doch alles in Ordnung. Diese beiden Standpunkte prallen hart aufeinander. Beide haben das Recht, angehört zu werden. Es ist ein »Partnerspiel«, es geht nur zu zweit. Wenn einer sagt: »Ich kann nicht mehr«, muss der andere damit umgehen. Handlung ist erforderlich. Ausgehalten haben wir schon lange genug, es hat nichts gebracht.

Was gut angefangen hat, soll auch gut zu Ende gebracht werden, damit für beide gemeinsam oder für jeden allein etwas Neues beginnt. Es braucht keine Verlierer geben heißt, die Trennung darf nicht auf Kosten eines Beteiligten gehen. Weder finanziell noch persönlich. Was da ist, soll so verteilt werden, dass beide zufrieden sind. Handeln Sie aus einer Position der Gleichberechtigung heraus, die sich auch an dem orientiert, wer was einbrachte in die Beziehung und wer welche Werte in der Beziehung geschaffen hat. Dabei sind erschaffene Werte, wie für die Kinder dazusein und Haushaltsarbeit, mit

ihre Weiterentwicklung nicht an andere abzugeben, sondern sie zu sich zu nehmen.

Zeichnet sich ab, dass Sie im Gespräch mit Ihrem Partner/in nicht zu einer Lösung oder zu einer Verbesserung kommen, sagen Sie ihm/ihr klar, dass Sie sich trennen werden. Sagen Sie klar, dass Sie nicht auf seine/ihre Kosten oder etwa auf Kosten der Kinder handeln werden. Sagen Sie aber auch, dass Sie dem Partner zumuten, mit dieser Trennung fertig zu werden.

Es muss keine Verlierer geben. Soll Trennung in Liebe auf Dauer funktionieren, darf es keine Verlierer geben.

der Erwerbstätigkeit gleichzustellen. Teilen Sie gleich, dann sind die Chancen, frei zu werden, am größten.

Wer ungleich teilt, möchte dem anderen im Streit verbunden bleiben. Möchte den anderen nicht loslassen.

Immer mehr Menschen schaffen eine Trennung in Liebe. Es gibt keine bessere Alternative dazu! Streit oder Trennung im Streit bringt keine Lösung. Die alten Indianerstämme im Süden Kaliforniens haben ein Ritual: Alle Beteiligten setzen sich in einen Kreis und das strittige Thema wird so lange besprochen, von allen Seiten erörtert, bis eine gemeinsame Lösung gefunden ist. Sie gehen vorher nicht auseinander. Erst die gemeinsam getragene Lösung ist die Basis für eine gute Zukunft. Ihre Partnerschaft, auch wenn sie auseinander geht, hat es verdient. Sie haben es verdient, dass Sie beide gut mit sich umgehen.

Wir sind anders und können uns trotzdem verstehen. Die Trennungsangst weist darauf hin, dass bei vielen die Fähigkeit schlecht ausgebildet ist, andere als eigenständige, von ihnen getrennte und sich von ihnen unterscheidende Menschen anzuerkennen, mit denen gleichzeitig Verständigung möglich ist. Diese Fähigkeit zur wechselseitigen Anerkennung im Unterschied, die Fähigkeit, zwischen Bindung und

Was der Beziehung schadet und was ihr nützt, spüren wir genau.

Distanz zu wechseln, ist nicht einfach da, sie muss erworben werden. Dies geschieht, vermutlich, im Kontakt mit unseren ersten Bezugspersonen, meist der Mutter.

Bisher ist sowohl bei Frauen wie auch bei Männern diese Fähigkeit zur Anerkennung im Unterschied schlecht entwickelt. Die Gründe dafür sind unterschiedlich. Mädchen bleiben traditionell eher in der Identifikation mit der Mutter und verharren damit in einer kindlichen Bindung; Jungs hingegen schneiden die Bindung zur Mutter eher ab – vor dem Hintergrund einer gegenüber Frauen zwischen Idealisierung und Abwertung schwankenden Gesellschaft. Die als bedrohlich erlebte Differenz wird in der Folge entweder ignoriert, übergangen, wegharmonisiert – was eher Frauen machen; oder abgewertet und zu beherrschen versucht – was eher Männer machen.

Beziehungen verändern sich ständig. Wir tun uns häufig schwer, das anzuerkennen, und versuchen durch die Illusion der »ewigen« Bündnisse, unendliche Dauer vorzugaukeln. Davon bleiben oft nur Selbsttäuschung und Schmerz zurück. Gefühle sind oft sehr unzuverlässig. Möglicherweise sind sie falsch. Möglicherweise sind die Gefühle, die Sie bei Trennung befallen, Gefühle, die Sie »nachfühlen«, und gar nicht Ihre eigenen Gefühle. Gefühle sind manchmal übernommen, z.B. von Vorfahren wie Eltern oder Großeltern, Tanten, Onkeln.

Gefühle entstehen in unserem Verstand. Wir denken: Es ist so. Mit der Wirklichkeit der anderen Menschen um uns hat es wenig zu tun. Wir alle reagieren nicht auf die Tatsachen, sondern auf das, was wir in unseren Köpfen daraus gemacht haben. Jeder nach seinem Weltbild. Sie treffen die Wahl: Sie können dem nachtrauern, was hätte sein können, oder Sie können dem zustimmen, was ist. Zustimmen, was war, und jetzt tun, was getan werden muss.

Sie können dem Schmerz der Trennung durch Anerkennung gerecht werden. Trennung verlangt auch Trauerarbeit. Gemeinsame Trauer, Eingeständnis, dass es beiden nicht leicht fällt, gesteht dem anderen zu, dass das, was gewesen ist, nicht umsonst war. Es heilt den Zorn, Vorgeworfenes verliert die Gewalt. Trauerarbeit findet ein Ende und macht der Kraft des neuen Lebens Platz.

Erkennen Sie an, Gutes von Ihrem Partner oder Expartner erhalten zu haben. Übernehmen Sie Ihre Verantwortung dafür, dass Sie dieser Beziehung zugestimmt haben. Wenn Sie Hass verspüren, lassen Sie Ihren Schmerz über die Situation zu. Schauen Sie Ihr Weh an. Erkennen Sie an, dass auch Sie ein Teil der Situation waren, dass Sie beteiligt waren. Tragen Sie mehr oder weniger Schuld als Ihr Gegenüber? Schuld ist ein untaugliches Mittel, um zur Ruhe zu kommen. Schuld hält die Suppe aus Wut, Trauer und Schmerzen nur weiter am Kochen. Wollen Sie das?

Trennung in Liebe erfordert den Mut hinzuschauen. Die Kraft zur Trauer, über ein nicht erreichtes Ziel nachzudenken. Trennung in Liebe erfordert den Mut, den Schmerz zuzulassen, den eigenen Ansprüchen nicht gerecht geworden zu sein. Dann können wir auch neues Glück zulassen. Altes Leid darf zu Ende sein.

Meine Trauer über die Trennung ehrt die Beziehung.

Wege aus der »inneren Kündigung«

Wie im Berufsleben so gibt es auch in Beziehungen den Zustand der »inneren Kündigung«. Den Zeitraum, in dem die Partner oder nur einer von ihnen sich entfernt und keinen Weg mehr sieht, zurückzugehen. Um diesen Zustand geht es bei Trennung in Liebe: diesen Zustand zu ändern, gemeinsam oder getrennt. Die innere Trennung findet bei mir statt, in mir. Es ist die gute Verarbeitung dessen, was war, wie es auf mich gewirkt hat, was ich daraus gemacht habe. Trennung findet *während* der Beziehung statt. Wir bezeichnen es als »Auseinanderleben«, als Desinteresse an der Beziehung. Es geht nicht mehr weiter in der Beziehung. Die gemeinsame Zeit beginnt sich zu verändern, zu enden. Die äußere Trennung ist dann die »Abwicklung« der inneren Trennung.

Beziehungen sind manchmal schon »von innen« geschieden oder eigentlich gar nicht richtig zusammengekommen. Und die Partner wissen nichts davon. Wie etwa wenn ein früherer Partner nicht vergessen werden kann, wenn es noch Bindungen an diese frühere Beziehung gibt, die nicht zulassen, dass die neue Bindung sich ausdehnt. Unterschätzen wir diese Wirkung, kann unsere neue Partnerschaft nicht tief greifen, weil noch wichtige Seelenplätze vom Menschen davor belegt sind.

Beziehungen bestehen manchmal nur noch »formal«. Der Sinn der Beziehung ist dann abhanden gekommen, wenn die Liebe einem

Meine Liebe
wieder leben.

Funktionieren gewichen ist. Das Zusammenleben hat sich dann auf sich ertragen reduziert.

Menschen gehen unterschiedlich mit ihrer Beziehung um. Die einen erwarten nichts mehr, die anderen gehen daran zugrunde, ohne etwas zu ändern. Wieder andere handeln, beenden die Beziehung. Noch andere lassen den Partner handeln, weil sie nie diejenigen waren, die gehandelt haben. Sie haben handeln lassen. Sie haben dann auch die Möglichkeit, sich als Opfer zu fühlen und die Tragik der Situation zu verdeutlichen und vor den Freunden und Bekannten zu zelebrieren.

Was beide Partner verbunden hat, steht in solchen Fällen nicht mehr im Vordergrund. Die gemeinsamen Lernschritte scheinen beendet. Es kann gut tun, diese Partnerschaft neu anzuschauen, zum Wohle derer, die daran beteiligt sind. Dieser Punkt ist beiden Partnern meistens klar. Nur traut sich keiner, offen darüber zu reden: weil es so ausweglos erscheint; weil man nicht weiß, wie es gehen könnte; weil man nicht weiß, was man statt dessen tun soll. In diesen Beziehungen ist oft der Ausgleich von dem, was sein sollte, und dem, was ist, nicht möglich, weil keiner mehr bereit ist, Veränderung zuzulassen. Dann kann die Veränderung von außen kommen, durch eine neue Liebe, durch Schicksal oder auch gar nicht.

Wenn wir Schlechtes mit Schlechtem vergelten, geht eine gute Beziehung verloren.

Sexualität in Liebe

»Die Frau verwaltet die Liebe«, heißt es manchmal. Konkreter ist in diesem Zusammenhang gemeint: Sie verwaltet die Sexualität. Dies ist in der vom Mann beherrschten Welt häufig der Platz, wo sie sich durch Verweigerung oder Zulassen der Sexualität Einfluss gesichert hat. Der Mann kann nur über das Einverständnis der Frau seine Sexualität leben. Alles andere wäre Vergewaltigung, die es leider zu oft auch in Ehen gibt. Meist bleibt es beim Dulden, beim Ertragen, was für beide eine äußerst unbefriedigende Basis ihres Liebeslebens bleibt.

Es ist der furchtbare sexuelle Trott, der zu oft nach dem Verliebtsein eintritt. Wenn klar wird, wie die nächsten Jahre verlaufen werden. Hier kann helfen: Offen anzusprechen, dass die Beziehung, so wie ich sie empfinde, nach Veränderung schreit! Ehrlich zu der Situation zu sein meint, mit dem Partner und mit ihm zuerst anzusprechen, was ich mir in der Sexualität und im Zusammenleben wünsche.

Etliche Frauen ziehen sich in ihrem Sexualleben auf das »Einmal pro Woche« oder »Alle zwei Wochen« zurück, weil sie meinen, wenigstens so weit müssen sie ihrem Mann entgegenkommen. Diese Frauen leben eine tote Sexualität. Ihre Männer leben eine tote Sexualität. Sind das die Millionen Konsumenten von käuflichem Sex? Sind das Menschen, die kein erfülltes Liebesleben leben? Es könnten Menschen sein, die keine Bildung in Liebesdingen

erhalten und gesucht haben, wie es nach dem Verliebtsein weitergeht. Für alles können wir uns ausbilden lassen, müssen wir Tests ablegen. Wer bringt uns liebevoll bei, wie wir lieben könnten? Wer zeigt uns, was unser Partner braucht, was uns gut tut? Wer spricht über das wichtige Thema körperlicher Liebe? Wer unterstützt uns Männer darin, über unsere sexuellen Bedürfnisse zu sprechen? Wie konnte das so wichtige Thema »Wie liebe ich meinen Partner, den mir Nächsten?« so unter den Tisch fallen?

Ein Weg kann sein, das alles mit meinem Partner anzusprechen. Es in meinem Leben zu ändern. Vom Zuschauer zum Handelnden zu werden! Nicht Sex zu konsumieren und dafür

Beschreiben Sie Verhalten, statt es zu bewerten.

zu zahlen, sondern Liebe selbst zu geben und selbst zu bekommen!

Saskia sagt: »Die Liebe hat uns zusammengebracht, der Sex hat uns getrennt.« Die Liebe kommt zu dem, der sie braucht. Liebe und Sexualität verbindet Menschen. Sexualität in Liebe ist Teil der Beziehung und eines der größten Fundamente in einer Partnerschaft. Sexualität ist mehr als die pure körperliche Vereinigung. Liebe verbindet, heilt, führt weiter, ist die große Kraft, die uns zusammenführt und trennt, wenn wir nicht gut mit ihr und uns umgehen.

Der Wunsch, sich zu binden, lässt mit der Häufigkeit der Beziehungen nach. Was bleibt, ist das körperliche Verlangen, oft nur noch bei uns Männern. Haben uns unsere Frauen verraten, wenn sie keinen Sex mehr wollen oder dabei innerlich abschalten? Was ist unser Anteil daran? Haben wir versucht, sie zu verstehen, haben wir versucht zu fühlen, was uns beiden gut tun wird? Sie haben recht, die Frauen, die keinen Sex mehr wollen, aber wirkliche körperliche Liebe suchen. Diese Frauen zeigen uns Männern den Weg.

Sind wir Mann geworden? (Vielleicht waren wir es noch nie?) Haben wir doch das Gespräch gesucht, wenn wir wieder mal abgewiesen wurden? Oder haben wir uns einfach im Bett umgedreht, missmutig, grollend? Hat sie es dann irgendwann nicht mehr ausgehalten und Sex geschehen lassen?

Endlich soll die Sprachlosigkeit vorbei sein! Reden Sie ganz offen darüber, was Sie drückt. Öffnen Sie sich Schritt für Schritt im Gespräch mit dem Partner. Sagen Sie endlich klar, was Ihnen gut tut, was nicht. Vielleicht kommt sie wieder zurück, die Liebe, die gegangen ist aus der Beziehung, aber immer in uns wohnt. In jedem von uns, um uns zu helfen und uns zu tragen, wo wir nicht mehr weiter können.

Brauchen wir einen neuen Anspruch in der körperlichen Liebe? Pornographie in Film, Fernsehen, am Telefon, in Heften und Büchern, ist kein Ersatz für wirkliche Liebe. Die Liebe lebt nur im Moment, ohne Erinnerungen, Phantasien, Ablenkungen. Die schnelle Befriedigung ist

oberflächlich. – Jeder macht das, wozu er Lust hat. Aber jeder kann sich fragen, ob er mit der Sexualität in der Partnerschaft zufrieden ist. Wenn nicht, gibt es Lösungen, die wirken im Zusammenlieben der Partner. (Buchtipps: Barry Long *Sexuelle Liebe auf göttliche Weise* und Erich Fromm *Die Kunst des Liebens*).

In unzähligen Beziehungen ist die Liebe gegangen. Sie ist zur Interessengemeinschaft geworden, die beide Partner noch zusammenhält. Getragen wird sie von täglicher Arbeit, alltäglichem Klagen über Gesundheit, Wetter, Nachbarn, Kollegen. Die Beziehungen sind keine mehr, sie sind tot. Die meisten spüren das, doch weil sie keine Lösung für möglich halten, fragen sie nicht danach. Es gibt Lösungen und jeder kann seine eigene finden!

Jederzeit können beide Menschen, gemeinsam oder jeder für sich, Liebe wieder leben. Sofort – wenn der Wille zur Veränderung da ist, wenn Entschlossenheit lebt, das, was war, sofort zu ändern, Qualität ins Leben zu bringen, statt Quantität. Liebe verlässt uns nie ganz, aber sie braucht Pflege. Es ist genug Liebe für alle da! Ein kleiner erster Schritt in die richtige Richtung zählt mehr als tausend kritisierende Gedanken. Der Weg zu zweit ist wohl der schwierigste aller Entwicklungsschritte, aber das soll uns nicht schrecken.

Ärger entspringt unerfüllten Wünschen.
Keiner braucht seinen Ärger,
wenn er ihn nicht festhalten will.
Wir benutzen Ärger,
um mächtig zu sein.

Die Beziehung zu einem wichtigen Partner endet nicht so einfach. Insbesondere, wenn gemeinsame Kinder da sind. Was ist damit gemeint? Das Gute und das Schlechte, das sich beide angetan haben, wirkt auch über eine Trennung hinaus. Es verbindet beide im Guten und im Bösen. Es gibt ihnen Kraft, sich zu lassen, wo sie beide stehen, oder kettet sie aneinander im verzweifelten Wunsch und Drang, die offenen Rechnungen zu begleichen.

Wenn wir Gleiches mit Gleichem vergelten, geht unsere Beziehung verloren. Das ist so in der Phase der Neuordnung einer Partnerschaft ebenso wie in der Trennung in Liebe. Der gute Weg aus diesem Schlagabtausch ist: Dem Partner weniger anzutun, als er mir angetan hat, und, falls möglich, ihm mehr vom Guten zu geben, als er mir gegeben hat. Es nützt der Beziehung und der Trennung in Liebe, wenn wir für unseren Partner das tun, was wir uns für uns gewünscht hätten. Wenn wir das lassen, was wir selbst nicht wollen.

Die Beziehung
ist nicht zu Ende
nach einer Trennung.

WAS ICH TUN KANN

Ich merke, dass Krieg in der Beziehung oder während der Trennung tötet. Ich bin bereit, einen guten Ausgleich zuzulassen. Ich erkenne an, dass ich Teil eines größeren Ganzen bin, das nie vergisst, das immer die Balance zum Ziel hat. Das mich einspannt, obwohl ich es nicht merke. Das mich ausspannt, obwohl ich es nicht verstehe. Denn unser Verstand ist kein ausreichendes Mittel, um Trennung in Liebe zu vollziehen. Das mitmenschliche Fühlen hilft uns aus der Angst heraus, in die eigene Kraft. Weg von Schuld und Unschuld, hin zur eigenen Verantwortung des Handelns, hin zur Kraft, dem anderen in Liebe zuzuhören, hin zu dem Respekt vor der Unausweichlichkeit, mit der Leben gelebt wird.

Die Schwierigkeiten, die wir in der Beziehung beklagen, verändern sich, sobald wir erkennen, dass wir an ihrem Entstehen beteiligt sind. Wenn wir am Entstehen der Schwierigkeiten beteiligt sind, können wir auch die Lösung finden. Wir waren Teil der Schwierigkeiten. Jetzt werden wir Teil der guten Lösung.

Alles, was ich beim anderen Menschen, beim Partner erkennen kann, trage ich auch als Fähigkeit in mir. Sonst könnte ich es nicht erkennen. Bei positiven Eigenschaften finden wir das gut, wie ist es bei negativen? »Sie ist mal himmelhoch jauchzend, dann zu Tode betrübt.« Wenn ich diese Feststellung treffen kann, kann ich dasselbe tun. Ich habe es vielleicht noch nicht probiert, aber allein meine Fähigkeit zum Empfang dieser Botschaften zeigt, dass ich auch auf dieser Wellenlänge senden kann.

Das ist im Grunde die Erkenntnis: So bin ich auch, so kann ich auch sein, so war ich auch. Dieses Zustimmen zu meinen Schwächen erlaubt mir, dass ich den Schwächen des anderen auch zustimmen kann. Das ist Lassen, das ist Lieben. Es nützt der Beziehung, wenn wir anerkennen, dass wir nicht zwei Dinge gleichzeitig, sondern nur eines leben können. Von zwei gegensätzlichen Möglichkeiten eben nur eine. Indem wir darauf verzichten, die nicht gewählte Möglichkeit schlecht zu machen, gewinnen wir alles. Beispiel: Eine Frau entscheidet sich für ihren Beruf und gegen Kinder. Sie gewinnt, indem sie das Muttersein und Mutterwerden wertschätzt. Sie verliert, wenn sie innerlich diese Entscheidung bedauert und nicht zu den Folgen steht. Diese Frau gewinnt, wenn sie die Folgen trägt und dazu steht, keine Kinder zu haben. Sie kann Karriere machen und z.B. die Kinder ihrer Schwester lieben und ein offenes Herz für sie haben und mit diesen Kindern Urlaub machen, wenn alle Beteiligten das wollen.

Ebenso verhält es sich mit Trennung in Liebe. Indem ich die Zeit, die wir zusammen hatten, achte, gewinne ich. Indem ich die Trennung achte als eine wichtige Entwicklungsmöglichkeit, gewinne ich.

Für eine gleichberechtigte Beziehung der Partner – das »Duluth-Modell«

Das so genannte »Duluth-Modell« dient der Unterbindung häuslicher Gewalt. Es wurde von Frauen in Duluth/Minnesota, USA entwickelt. Es zeigt Machtgebrauch und Machtstrategien auf. Der Gleichwertigkeitskreis (siehe S. 133) weist darauf hin, wie sich jeder aus dem Gefängnis von Macht und Kontrolle befreien kann.

Um Macht und Kontrolle zu behalten, sind Männer (und manche Frauen) bereit, physische und sexuelle Gewalt in Beziehungen anzuwenden. Dieses Verhalten wird begleitet von Aussagen wie: »Früher ging es bei uns daheim genauso zu« oder »Was sie mir angetan hat,

darauf kann ich nur noch mit Schlägen reagieren«. Natürlich gilt das Modell für beide Geschlechter, auch wenn hier im Speziellen auf den Mann hingewiesen wird.

»Wieso besteht für manche Männer eine Verbindung zwischen Erotik und der Tatsache, Frauen Schmerzen zuzufügen?«, fragt Shere Hite in *Sex & Business* und stellt hierzu die Theorie auf, »dass dieses Verhalten zurückzuführen ist auf die Tatsache, dass das Erwachen der männlichen Sexualität (vom zehnten bis zwölften Lebensjahr) zusammenfällt mit dem Verlust der mütterlichen Nähe, Berührung. Da ihre Sexualität genau zu dem Zeitpunkt erwacht, in dem sie lernen, die Mutter zurückzuweisen und lächerlich zu machen, und da viele Mütter ihrem Sohn, je schwieriger er reagiert, um so mehr ›Liebe und Verständnis‹ entgegenbringen, wird dieses Verhaltensmuster nur noch verstärkt. Viele Männer glauben schließlich, dass Frauen Schmerz lieben, dass sie ›Masochistinnen‹ sind, dass sie mich lieben wird, egal, was ich tue.«

Prüfen Sie als Frau, ob Sie sich so oder ähnlich behandelt fühlen, wie im Kreis »Macht und Kontrolle« auf der nächsten Seite dargestellt. Prüfen Sie als Mann, ob Sie sich in diesen »Macht- und Kontrolldarstellungen« wiedererkennen. Vielleicht haben Sie zu Anfang den Eindruck: »Damit habe ich gar nichts zu tun.« Lesen Sie deshalb als Mann beide Kreise mehrmals durch. Prüfen Sie sich selbst öfters, ob da vielleicht was dran ist …

Auf den »Macht- und Kontrollkreis« folgt der »Kreis der Gleichwertigkeit und Gewaltlosigkeit«. Die einzelnen Felder sprechen für sich.

Natürlich gibt es Machtmissbrauch auch von Frauen. Natürlich ist die destruktive Kraft von Macht und Kontrolle, ausgeübt durch Frauen, genauso zerstörend. Aber die weitaus größte Anzahl von Unterdrückungsakten geht von Männern aus. Es ist Zeit, mit Macht besser umzugehen und sie in den Dienst der Familie und der Gemeinschaften zu stellen.

Täter stellen sich als Opfer dar, wenn sie von sich selbst sagen: »Ich hatte keine Kontrolle mehr über mich, ich konnte mich nicht beherrschen, ich war nicht mehr Herr meiner Sinne. Es war alles zu viel. Es ist einfach so über mich gekommen.«

Täter stellen sich als Opfer dar, wenn sie ihr Verhalten rechtfertigen mit dem Verhalten der anderen: »Mein Vater hat mich auch geschlagen. Die Kinder, die Partnerin, das Schicksal ist schuld daran, dass ich so handeln musste …« Die weit verbreitete Haltung ist: »Ich kann nichts tun. Erst wenn der Partner die und die Schritte getan hat, bin ich in der Lage, ebenfalls zu handeln. Erst wenn die anderen etwas geändert haben, kann ich auch etwas tun …«

Informationen über diese Initiative erhalten Sie beim Domestic Abuse Intervention Project, www.duluth-model.org.

WAS ICH TUN KANN

Ich werde mir klar darüber, dass ich Teil des gesamten Geschehens bin. Wenn das stimmt, verursacht jede meiner Veränderungen eine Veränderung für das Ganze. Zunächst vielleicht unmerklich, aber dann mit immer deutlicheren Folgen. So kann ich mich aus der Hilflosigkeit befreien und selbst etwas tun. Sofort, jetzt! Ich kann mein Anliegen gewaltfrei zum Ausdruck bringen. Ich bin nicht gezwungen, Gefühle aufzustauen. Ich kann Einfluss nehmen auf das, was geschieht, ohne mich als Getriebene/r zu fühlen. Ich habe verschiedene Möglichkeiten zu handeln. Damit übernehme ich meinen Teil der Verantwortung für mich und das Ganze. Ich kann es und ich tue es. Ich beginne sofort und erlaube mir Fehler. Es muss nicht perfekt sein!

Gleichwertigkeit
und Gewaltlosigkeit

physische, sexuelle GEWALT

Anwendung von Nötigung und Drohungen
Er droht/schreit, um sie zu verletzen • Er droht, sie zu verlassen, sich umzubringen • Er zwingt sie, Vorwürfe zurückzunehmen, oder zu kriminellen Handlungen.

Wirtschaftliche Abhängigkeit
Er hält sie davon ab, einen Job anzunehmen oder zu behalten • Er lässt sie um Geld bitten • Gibt ihr Haushaltsgeld • Nimmt ihr Geld • Hält sie über das Familieneinkommen im Unklaren.

Einschüchterndes Verhalten
Der Mann ängstigt die Frau mit Blicken, Handlungen, Gesten • Er zerschlägt Dinge, zerstört ihr Eigentum, schlägt Haustiere, droht mit Waffen.

Ausnutzen von Männerprivilegien
Der Mann behandelt die Frau wie eine Magd • Er behält sich alle wichtigen Entscheidungen vor • Spielt sich als Herrscher auf • Maßt sich an, die Rolle des Mannes und der Frau zu bestimmen.

MACHT UND KONTROLLE

Emotionaler Missbrauch
Der Mann macht sie fertig, indem er ihr einredet, sie sei schlecht, sie mit Schimpfnamen belegt, sie als verrückt hinstellt, Psychospiele treibt, sie demütigt, ihr Schuldgefühle macht.

Kinder werden missbraucht
Er verursacht ihr Schuldgefühle wegen der Kinder • Benutzt die Kinder als Boten • Benutzt Besuche, um sie zu belästigen • Droht, ihr die Kinder wegzunehmen.

Verniedlichen, verleugnen, beschuldigen
Er verharmlost Missbrauch • Nimmt ihre Belange nicht ernst • Behauptet, der Missbrauch fand nicht statt • Wälzt die Verantwortung dafür ab • Sagt, sie sei selbst schuld.

Isolation
Er kontrolliert, was sie tut, wen sie trifft, mit wem sie spricht, was sie liest, wohin sie geht • Er beschränkt ihren Kontakt zur Außenwelt • Er rechtfertigt seine Handlungen mit Eifersucht.

GEWALTLOSIGKEIT

Verhandeln und Fairness
Gemeinsame Suche nach zufriedenstellenden Lösungen im Konfliktfall • Akzeptieren von Veränderungen • Kompromissbereitschaft.

Wirtschaftliche Partnerschaft
Geldentscheidungen werden zusammen getroffen • Sicherstellen, dass beide Partner von den finanziellen Entscheidungen profitieren.

Verhalten ohne zu drohen
Der Mann spricht und handelt so, dass die Frau sich wohl fühlen, sich selbst ausdrücken und selbst handeln kann.

Gemeinsame Verantwortung
Die Arbeit wird fair und im gegenseitigen Einvernehmen verteilt • Entscheidungen, die die Familie angehen, werden gemeinsam getroffen.

GLEICH-
WERTIGKEIT

Respekt
Er hört ihr zu, ohne gleich zu (ver-)urteilen • Er bestärkt sie und ist verständnisvoll • Er achtet ihre Meinung.

Vertrauensvolle Elternschaft
Der Mann beteiligt sich an den elterlichen Pflichten • Er ist seinen Kindern ein gutes Leitbild für Gewaltfreiheit.

Ehrlichkeit und Verantwortung
Der Mann übernimmt die Verantwortung für sein Tun • Er bekennt sich zur früheren Anwendung von Gewalt • Er gibt zu, Fehler zu machen • Er spricht offen und wahrheitsgetreu.

Glaubwürdigkeit und Unterstützung
Der Mann unterstützt die Ziele der Frau im Leben • Er achtet ihr Recht auf eigene Gefühle, FreundInnen, Aktivitäten und Meinungen.

Hilfreicher Umgang mit Aggression und Ärger

Aggression, gerichtet gegen einen Aggressor, ist Selbstverteidigung. Aggression, gerichtet gegen mich selbst, ist Selbstzerstörung. Aggressives Verhalten kann uns helfen zu überleben, wenn wir bedroht werden. Das Fehlen von Aggressionsfähigkeit führt zum Unterjochtwerden. Verena Kast dazu in *Vom Sinn des Ärgers*: »Menschen, die passiv aggressiv sind, halten nicht sich selbst, sondern die anderen für aggressiv.«

Ärger ist eine Emotion, die ich einfach vorbeiziehen lassen kann. Wie ein Torero kann ich sie vorbeilassen. Keiner braucht seinen Ärger, wenn er ihn nicht festhalten will. Ich kann selbst entscheiden, wie stark ich mich ärgern lassen will und ob überhaupt. Wir benutzen Ärger, um mächtig zu sein.

Wir können stellvertretend für andere ärgerlich werden, z.B. für einen Partner, der nicht handelt. Ein Kind kann für seine Mutter oder seinen Vater, die/der nicht handelt, ärgerlich werden. Selbst für jemanden aus meiner Ahnenreihe kann ich stellvertretend ärgerlich werden. Etwa wenn dieser Mensch nicht geachtet wurde, ausgeschlossen wurde. Aber es ist nicht mein Ärger, ich habe dieses Gefühl nur übernommen. Ich kann mich davon lösen, durch Hinschauen auf das, was ist. Durch Bewusstwerdung, indem ich ähnliche Situationen wiedererkenne. Manchmal braucht es therapeutische, beratende Unterstützung.

Ärger entspringt unerfüllten Wünschen. Wir benutzen Ärger auf die anderen, um nicht selbst handeln zu müssen. Mein Handeln verändert meine Situation. Ärger betoniert die Zustände, mit dem Beton der unsinnigen Auseinandersetzung. Aggression verdeckt die Liebe. Wenn ich aggressiv bin, fühle ich mich stark, dem anderen überlegen. In Liebe kann ich mich auch als der Unterlegene fühlen, ich brauche die Rache nicht. Ärger und Wut sind oft die Spitze eines Eisbergs aus Trauer. Stelle ich mich dieser Trauer, wird es ernst. Die unangemessene Wut, der unangemessene Ärger verfliegt und ich kann mich dem widmen, um was es eigentlich geht!

**Unterstützt
dieser Gedanke oder
nimmt er Kraft?**

WAS ICH TUN KANN

Es gibt viele gute Angebote, sich von außen Unterstützung zu holen: Systemische Familientherapie, Familienstellen, Kinesiologie, NLP, Rolfing, Feldenkrais, Craniosacral-Arbeit, Seminare in Gewaltfreier Kommunikation, Selbsterfahrungsseminare wie den »Quadrinity Prozess«, »Duluth«-Training, um Ärger anzuschauen, zu heilen, abzulegen. Schweigemeditationen, Zen-Praktiken, Fastenseminare sind Möglichkeiten, zu sich zu finden und die Schwierigkeiten zu »entpersonalisieren«, d.h.: Ich lerne, Schwierigkeiten und Person zu trennen, ich sehe, dass beide nicht identisch sind, sondern nur manchmal gleichzeitig auftreten!

Suchen Sie sich das zu Ihnen passende Modell, die passende Beraterin, den passenden Therapeuten. Es gibt nicht nur eine Denkschule oder ein Konzept, das Ihnen Erleichterung verschaffen kann, und es ist nicht entscheidend, welche Denkrichtung Ihnen hilft. Die Heilung findet in Ihnen statt. Oft brauchen wir Heilkräfte oder zumindest einen Anstoß von außen. Auf den Weg machen können Sie sich damit sofort!

Ausschlaggebend sollte nicht sein, ob der gewählte Ansatz »richtig« oder »falsch« ist, sondern auf die Frage »nützlich« oder »unnütz« umzusteigen. Maßstab für nützlich ist: Was mir auf Dauer gut tut, davon tue ich mehr! Könnte, darf es so einfach sein?

Kommunikation in der Beziehung

Wenn Sie interessiert sind, Ihre Beziehung anders zu gestalten, ist die Beobachtung dessen, was und wie etwas gesagt wird, wichtig. Mit dieser Beobachtung von Sender und Empfänger und den Inhalten, die »versendet« werden, können Sie sofort beginnen, allein oder zu zweit. Dabei ist es wichtig, die Konzepte von Richtig und Falsch wegzulassen und sich darauf zu konzentrieren, das, was man selbst meinte, zu verstehen.

Kommunikation wird oft als selbstverständlich und einfach empfunden, weil wir davon ausgehen, dass der Empfänger auf das antwortet, was wir sagen. Es ist aber ganz anders. In Beziehungen, besonders in entscheidenden Phasen, reagieren wir weniger auf das, was gesagt wird, als auf das, von dem wir *glauben*, was der andere meint. Beobachten Sie sich, wie oft Sie auf das reagieren, was gemeint schien, nicht auf das, was gesagt wurde. Es ist faszinierend zu sehen, wie Kommunikation fehlschlagen kann, ohne dass wir es gleich merken.

Eine Nachricht enthält immer mehrere Botschaften gleichzeitig. Der Absender gibt der sachlichen Information, bewusst oder unbewusst, viele unsachliche Botschaften mit, z.B. mit Tonfall oder Gestik. Jede Kommunikation verläuft auf zwei Ebenen – der Inhaltsebene und der Beziehungsebene. Die Inhaltsebene trägt die sachliche Information, die Beziehungs-

Eine Nachricht enthält immer viele Botschaften gleichzeitig.

ebene trägt Informationen über die Beziehungen von Sender und Empfänger. Die Beziehungsebene spiegelt die Deutung der Beziehung wider, die der Sender der Kommunikation dem Empfänger vermitteln möchte oder ungewollt signalisiert. Dabei ist wichtig zu erkennen, dass die Beziehungsebene die Inhaltsebene bestimmt!

Nun, es kommt noch »schlimmer« für unser gewohntes Bild davon, wie Kommunikation abläuft: Philosophen der Antike und der Gegenwart wie Immanuel Kant, Werner Heisenberg, Gregory Batson, Paul Watzlawick vertreten die Meinung, dass unsere Wirklichkeit das Ergebnis unserer Kommunikation ist. Dass also nicht die Kommunikation durch Worte, Gesten, etc. die Wirklichkeit abbildet, sondern die »gefühlte Wirklichkeit« im Kopf der Kommunizierenden erst durch die Kommunikation geschaffen wird. So entstehen in unterschiedlichen Köpfen unterschiedliche Bilder der einen Wirklichkeit. Da alle

meinen, diese eine Wirklichkeit zu beschreiben, und sicher sind, dass ihr eigenes Bild das richtige ist, sind oft schwere Konflikte die Folge. Dabei meint jeder im Besitz der Wahrheit zu sein, Recht zu haben.

Kommunikationsforscher sagen, innerhalb von Sekunden machen wir uns ein Bild vom anderen Menschen. Entscheidend sind dabei die Körpersprache, die Augen, die Stimme und erst als Viertes der Inhalt, also die sachliche Information!

Paul Watzlawick hat mit anderen darauf hingewiesen, dass man nicht nicht kommunizieren kann. Da auch »nichts sagen« eine Art von Äußerung ist, gibt es keine Nichtkommunikation. Watzlawick wirft die Frage auf: »Ist das eigene Verhalten eine Ursache oder eine Folge eines anderen Verhaltens?« Und kommt zu dem Schluss, dass jeder für sich eine unterschiedliche Bewertung findet, je nach Lage der Dinge, z.B.: »In einer Paarberatung beschreibt der Mann

Gefühle, die zum
Handeln führen,
sind Gefühle,
die stark machen.

Wir sehen unsere Wirklichkeit so, wie wir sie sehen wollen und können.

seine Frau als penetrant ordentlich, worauf diese verärgert antwortet, ›Ich bin nur so ordentlich, weil du so unordentlich bist‹ …«

In Beziehungen wirken nicht lineare, sondern zirkuläre Ursache-Wirkungsmechanismen. Die Ursache erzeugt eine Wirkung und diese Wirkung wirkt auf die Ursache zurück. Und so in einem fort. Es lässt sich kein Anfang mehr finden. Jeder kennt diese nicht enden wollenden Streitereien, überwiegend in langjährigen Beziehung, wo es nicht um Inhalte, sondern um Austausch – im Streit – geht. Es ist jedem klar, dass solches Streitverhalten nur mit langjährigen Partnern möglich ist. Mit dem Zahnarzt wäre es unmöglich! Warum? Weil der Zahnarzt nicht als gleich (symmetrisch) angesehen wird.

In Partnerbeziehungen ist die Beziehungsebene besonders interessant, da die sachliche Information, besonders in Zeiten des Konfliktes, ständig unterlegt ist mit Unausgesprochenem. Mann/Frau sagt: »Wie feiern wir dieses Jahr Weihnachten?« Der Partner reagiert mit: »Ich fahre nicht schon wieder zu deinen Eltern!« So benutzen wir an sich wertfreie Inhalte, um Aussagen über unsere Beziehung auszudrücken.

Es hilft, wenn wir uns dessen bewusst werden. Es passiert jede Sekunde. Der Inhalt wird umso unwichtiger, je komplizierter, ungelöster die Beziehung sich entwickelt. Das sind die ermüdenden Diskussionen der »alten Ehepaare«, die schon in der Formulierung einer Aussage die böswillige Unterstellung auf der Beziehungsebene »riechen« oder vermuten und eben darauf antworten, nicht mehr auf den Inhalt.

Beispiel: »Sicher hast du das Auto wieder falsch herum in die Garage gestellt.« Auf der Beziehungsebene könnte gemeint sein: »Ich traue dir nichts zu. Du bist doch zu blöd, das Auto rückwärts einzuparken.« Diese Art von Kommunikation tötet jede Beziehung. Die Frage ist, war die Beziehung vorher schon tot und ist diese Art von Gespräch daraufhin entstanden? Oder ist es anders herum? Die vielen toten Beziehungen singen ein stummes, grausames Lied davon.

Eine gute Reaktion auf einen solchen Satz wäre: »Ich kann einfach nicht rückwärts einparken, wärst du so nett und würdest mir helfen?«

Da sich Partnerbeziehungen ebenso wie die Ebenen der Beziehung und Kommunikation dauernd verändern, ist es unausweichlich, immer wieder neu aufeinander zuzugehen. Die Bereitschaft zu haben, dem anderen entgegenzugehen und auch zu fordern, dass der andere ebenso mir entgegenkommt. Bereit sein, die Überzeugungen des anderen zu respektieren, ohne dabei die eigenen Werte aufzugeben: Ohne diese Bereitschaft zum Kompromiss, zur guten Lösung für alle verlieren die Beteiligten das Interesse an der Beziehung, werden sich fremd, reden aneinander vorbei oder bekriegen sich.

Erinnerungen trügen

Vorhin habe ich auf die Unzuverlässigkeit der Kommunikation hingewiesen. Ein weiterer unzuverlässiger Kandidat ist unsere Erinnerung. Erinnerungen verändern sich eklatant. Darauf weist Daniel L. Schacter, Direktor der Psychologischen Abteilung der Harvard-Universität hin. In einer Untersuchung wurden zahlreichen Paaren über mehrere Jahre Fragen gestellt. »Wie sehr lieben Sie Ihren Partner? Wie glücklich sind Sie?« Von besonderem Interesse war, wie gut sich die Paare an die Noten erinnerten, mit denen sie ihre Beziehung vor einem Jahr bewerteten. Lebten die Partner glücklich miteinander, erinnerten sich 90 Prozent korrekt.

Lebten die Partner mittlerweile getrennt, vergaßen über 75 Prozent, dass sie sich vor einem Jahr noch geliebt hatten. Die Zerstrittenen waren sich sicher, sie hätten ihren Partner schon damals nicht mehr gemocht.

Dieses Phänomen, auch Rückschaufehler genannt, zeigt, dass es dem Menschen oft schwer fällt, sich korrekt an frühere Geisteszustände zu erinnern. Schwammige Erinnerungen aber lassen sich leicht beeinflussen – in der Regel zum eigenen Vorteil. Dabei hat der Rückschaufehler eine wichtige Funktion: Er stabilisiert unser Selbstwertgefühl bei Niederlagen.

WAS ICH TUN KANN

Kommunikation soll ganz OHR sein: offen, häufig, respektvoll

Verabschieden wir uns vom Telefon-Modell, das annimmt, es kommt das an, was abgeschickt wurde. Kommunikation ist die Verarbeitung von Unterschieden. Unterschieden in der Haltung, im Standpunkt, in der Art und Weise des Umgangs miteinander. Wenn ich selbst einen Unterschied mache zu meinem bisherigen Verhalten, dann verändere ich. Erster Schritt ist das Anerkennen der Wirklichkeit in meiner Beziehung und der daraus möglicherweise folgende Wunsch nach Veränderung.

Wir müssen davon ausgehen, dass unser Partner wie auch jeder andere Empfänger einer Information nur einen Bruchteil dessen so empfängt, wie wir es gemeint haben. Wir müssen davon ausgehen, dass sehr viele Informationen falsch verstanden werden, gewollt oder ungewollt.

Ist Ihnen ganz wichtig, dass eine Botschaft wirklich ankommt, könnten Sie sagen: »Ich möchte sicher sein, dass du es so verstehst, wie ich es meine. Bitte sage mir deshalb, was du gerade von mir gehört hast.«

Wenn wir dann merken, der/die andere hört etwas anderes, als das, was wir meinen, können wir sagen: »Vielleicht habe ich mich noch nicht so gut ausgedrückt. Ich versuche es noch einmal anders.«

Je klarer wir uns ausdrücken, desto leichter wird es für unser Gegenüber.

Respektvoller Umgang mit dem, was mein Partner sagt: Zuhören und dabei weniger interpretieren, kann ich lernen.

Es gibt keine Nichtkommunikation. Jede Körperhaltung, jeder Ausdruck, sichtbar oder nicht, signalisiert Zu- oder Abneigung, Zustimmung oder Ablehnung. Wir kommunizieren auch, wenn wir es nicht wollen, so ist es nur intelligent, den anderen durch Aufrichtigkeit zu achten. Er/sie merkt's ja doch. Bei unterschiedlichen Meinungen sagen Sie dies klar: »Ich achte deinen Standpunkt, aber ich sehe es anders.«

Agree to disagree!

Hören Sie wirklich das, was der andere meint?

Erinnerungsfehler bemerken

Wenn Sie in einer Krisenzeit auf die Beziehung zurückschauen, denken Sie an die Gefahr der Rückschaufehler. Fragen Sie sich: »Wären wir noch glücklich miteinander, wie würde ich diese Situation, diese Erinnerung dann bewerten?« Bitten Sie Außenstehende um eine sachliche Einschätzung: »In meiner Erinnerung sieht vieles so negativ aus. An welche positiven, schönen Momente zwischen mir und ... kannst du dich noch erinnern?«

Unrecht zieht
neues Unrecht
nach sich.

Die »Entpersonalisierung«
der Situation – oder:
Emotion raus, Kopf rein

»Er hat mir so viel angetan.« »Wegen ihr ging es nicht mehr.« Persönlicher Hass tötet immer auch etwas von einem selbst. Hass ist eine destruktive Emotion. Destruktive Emotionen ziehen ihre Kraft aus der Vergangenheit, von dort kommen sie. Da gehören die destruktiven Emotionen auch hin, in die Vergangenheit. Handeln können Sie nur in der Gegenwart. Entpersonalisieren Sie Ihren Hass. Ihr Partner spiegelt Ihnen Ihren Anteil. Sie sehen bei ihm, was Sie bei sich nicht sehen können oder sehen wollen. Das ist ein Weg, wie wir lernen. Durch das Sein mit dem anderen. Der intelligente Umgang mit dieser Erkenntnis ist, die eigenen Anteile zu sehen, zu merken, dass es nicht Zufall ist, wenn ich mich in einer bestimmten Situation wiederfinde. Ich habe damit zu tun.

Koppeln Sie also Ihren Hass von der Person ab. Beschreiben Sie Verhalten, statt es zu bewerten. Ihr Hass auf Ihren Expartner hat nur indirekt mit ihm/ihr zu tun. Er/Sie verkörpert die Anteile, mit denen Sie zu tun haben, die Sie »auf 180« bringen. Dieses »Dafür könnte ich ihn umbringen« ist nicht nur der Ausdruck von Hilflosigkeit, es zeigt auch den Grad der Verstrickung. Die gegenseitigen Muster haben sich »verkeilt«. Lösung entsteht, indem einer verändert. Fangen Sie doch mal an.

Was stört uns an der Aussage »Es gibt keinen Zufall«? Könnte es die Tatsache sein, dass wir damit gleich verbinden: »Dann geschieht mir das ja nicht zufällig, dann bin ich ja auch daran mitbeteiligt, dass mir das passiert ist ... Dann bin ich ja auch schuld daran ...?« Natürlich gibt es diese Schuld nicht. Das Mädchen, das im Park belästigt wird, hat keine Schuld daran, dass es belästigt wird. Sie ist in diesem Moment an diesem Ort, an dem ihr etwas passiert. Trotz ihrer Unschuld ist sie Teil dieses Geschehens und muss die Folgen tragen wie auch der Belästiger. Ist er schuld? Schuld ist er durch den Verstoß gegen unsere Gesetze und Ethik. Er muss ebenso die Folgen seines Handelns tragen. Wie relativ der Begriff der »Schuld« ist, zeigt der folgende Abschnitt.

Es gibt eine Beziehung zwischen Täter und Opfer im Sinn von Resonanz, also im Sinn des Gemeinsamen, sich Anziehenden. Beide Beteiligten, der, der tut, und der, der es erleidet, sind durch die Gemeinsamkeit des Ereignisses verbunden. Keiner, weder der Aktive noch der Passive, kann sagen: »Damit habe ich nichts zu tun.« Allein die Tatsache, verstrickt in die Handlung zu sein, genügt.

Damit soll die Tat und der Täter in keiner Weise gerechtfertigt werden! Er trägt die Verantwortung für sein Handeln! Eine erweiterte Sicht dazu gibt der Leiter der Münchner Mordkommission Josef Wilfling: »Jeder kann zum Totschläger (starke emotionale Reaktion) werden, auch ich, aber ich könnte mir nicht vorstellen, einen Mord (geplant, mit Absicht, z.B. aus Habgier) auszuführen.« Weiter sagt Wilfling: »Wenn ein Mordermittler den Täter verachtet, dann kann er seine Ermittlungstätigkeit vergessen.«

Der Philosoph Hans Vaihinger schreibt 1911 in *Die Philosophie des Als-Ob*: »Erst die Annahme eines freien Willens macht es der Justiz möglich, eine Strafe für etwas Getanes zu verhängen.« »Der Mensch muss handeln, und in Bezug auf seine Handlungen beurteilt werden, als ob er frei wäre.«

Kann es sein, dass unser Herz den Weg besser kennt als unser Verstand?

WAS ICH TUN KANN

Kommunikation verändern

Das Schubladendenken in Eigenschaften (z.B. in Vorwürfen und Vorurteilen) bewirkt Widerstand beim anderen. Beispiel: »Meine Frau ist unpünktlich.« Beschreiben Sie stattdessen beobachtbare Verhaltensweisen. Diese Behauptung einer Eigenschaft wie Unpünktlichkeit als beobachtbares Verhalten zu konkretisieren, könnte vielleicht bedeuten: »Wenn wir in der Stadt sind und uns um 15.00 Uhr verabredet haben, kommt Karin stets zu spät. Sie verbummelt sich in den Geschäften. Sie hat immer andere Ausreden.«

Was ist passiert? Ich versuche ein Denken in Eigenschaften wie »unpünktlich« überzuführen in beobachtbare Verhaltensweisen. Dadurch bringe ich dieses Verhalten in einen konkreten, zeitlichen und räumlichen Beziehungszusammenhang. So konkret benannt, kann ich fragen: »Wozu machst du das immer wieder?« Sie kann darauf antworten. Wir kommen ins Gespräch. Lösungen können wachsen. Mit dem Etikett »Auf Karin ist nie Verlass« beleidige ich nur und alles bleibt, wie es ist.

Hilfreich ist die Sicht, dass der Partner nur eine Art widerspiegelt, mit der Sie noch nicht umzugehen gelernt haben. Also los: Sie werden bei genauerem Betrachten dieser Situation feststellen, dass Ihnen das am Partner beobachtete Verhalten immer wieder begegnet. Im Beruf, bei Ihren Eltern, mit Ihren Geschwistern, mit Freunden und Fremden, immer wieder wird diese Eigenart oder Handlungsweise Ihnen angeboten. Nein, Sie ziehen sie geradezu an! Sie geben den Raum dafür! Da ist keiner, der Ihnen übel will, der Ihnen solche Lektionen vorsetzt. Wir ziehen sie an! Wir geben Raum, den ein anderer bereitwillig ausfüllt. Beispiel: Ich setze keine Grenzen. Was passiert? Die anderen missachten meine Grenzen, betonen ihre Spielregeln, ihre Grenzen, die meine Grenzen vielleicht berühren oder gar überschreiten. Ich laufe schimpfend hinterher. Sind jetzt die anderen schuld?

Besser: Ich sage klar, was ich nicht will! Damit nehme ich den Raum ein, der mir vorher fehlte bzw. der vom anderen ausgefüllt schien. Das Beispiel zeigt, dass es nicht nur der böse Expartner ist, der mir all diese Pein zugefügt hat, sondern dass ich mitbeteiligt bin! Ich habe viel zugelassen bzw. zugefügt. Zwei waren an diesem »Kunstwerk« beteiligt, der Partner und ich.

Und merken Sie auch: Kein Verhalten wird immer gezeigt. Am Beispiel von eben: Karin ist nicht *immer* zu spät. Es gibt also Ausnahmen, in denen das Verhalten nicht gezeigt wird. So kann ich fragen: »Wann ist Karin pünktlich?«

Was passiert? Ich beziehe mich auf die Momente, Umstände, Zeiten, Orte, wo das beklagte Verhalten nicht auftritt. Es wird der Raum, in dem das gewünschte Verhalten geschieht, überhaupt gesehen und erweitert. So erst sehe ich wieder, was gut ist, was schön ist, und es ist keine Schönfärberei!

Weitere hilfreiche Fragen in diesem Zusammenhang sind: »Angenommen, ich wollte, dass Karin heute Abend auf jeden Fall zu spät kommt, wie könnte ich das am besten erreichen?« Oder eine verrückte Frage: »Angenommen, Karins Verhalten hätte etwas Gutes, was wären die guten Anteile?« Möglicherweise: »Als sie letzte Woche eine halbe Stunde zu spät ins Lokal kam, traf ich noch Herrn X. Er ist an meiner Arbeit interessiert und wir haben einen Termin vereinbart.« Oder: »Ich konnte abends in Ruhe meine Zeitung lesen.«

Das Verhalten eines Menschen beschreiben, statt sein ganzes Wesen zu verurteilen.

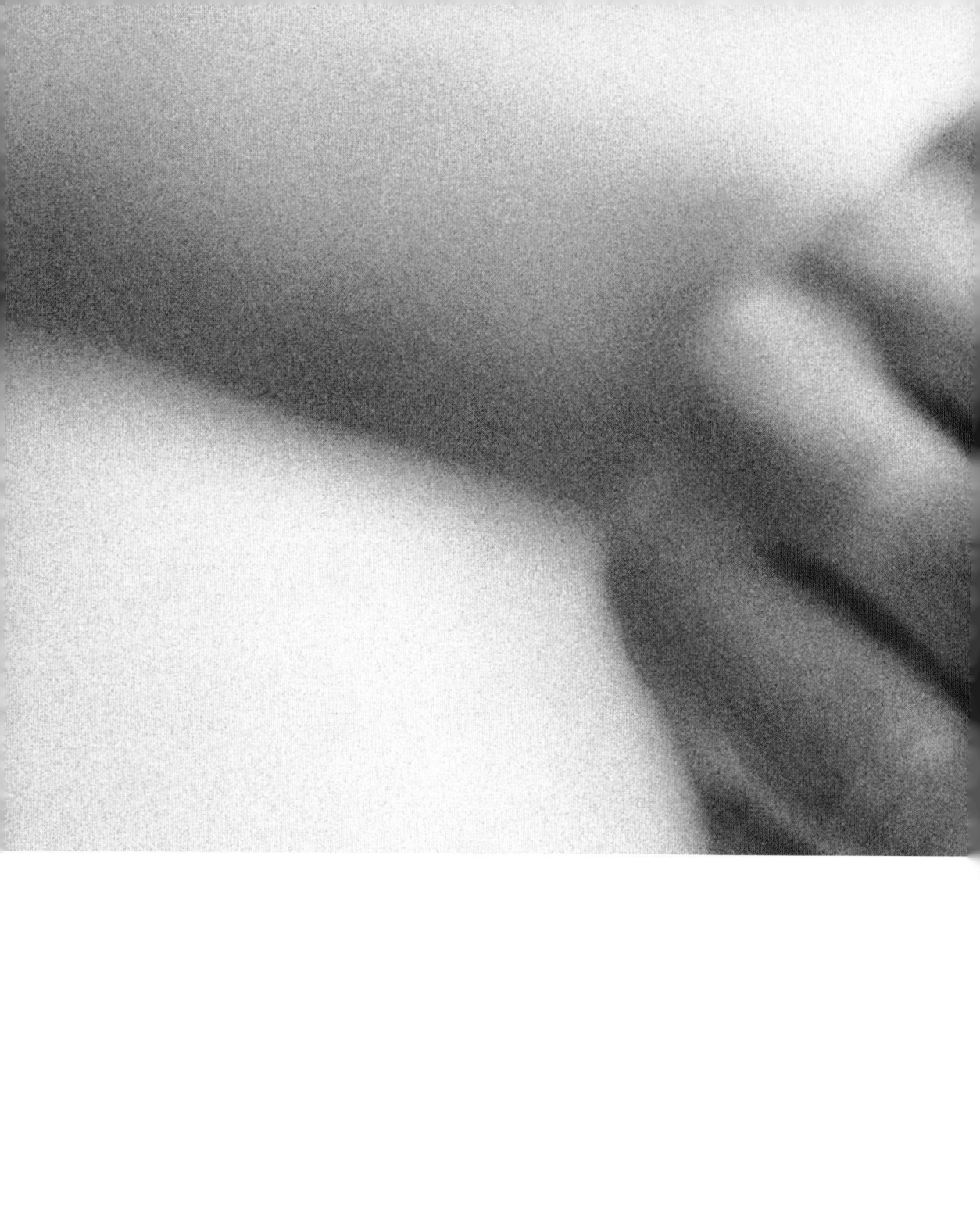

Gedanken sind Gedan
ken sind Gedanken
sind Gedanken sind

Wir denken unablässig. Es denkt in uns in einem fort. Denken geschieht uns. Gedanken bestehen aus Gefühlen, Wünschen, Trieben, Ängsten etc. Gedanken entstehen spontan. Gedanken kommen meistens, ohne dass wir es beeinflussen können. Gedanken bestehen aus Erfahrungen der Vergangenheit, sie kommen von unserem Recorder (Wiederholer) zwischen unseren Ohren. Es sind Aufzeichnungen, die manchmal hilfreich sind, oft auch nicht. Denken findet ohne Trieb und Emotion nicht statt. Müssen wir Denken über uns ergehen lassen? – Nein, wir haben die Chance, mit Denken umzugehen. Dieses Denken veranlasst uns zu Handlung oder zu Nichthandlung. Wir entscheiden, wie wir damit umgehen. Ob wir uns zur Handlung veranlassen lassen oder ob wir die Gedanken vorüberziehen lassen wie Boote auf dem Fluss.

Ziel jeder Meditation ist es, z.B. über die Beobachtung meiner Atmung bei mir, in mir zu bleiben und mich nicht vom »Fluss der Gedanken« aus dem Moment wegreißen zu lassen. Meditation ist auch: sich in ein Buch zu vertiefen, sich in ein Bild zu versetzen, Musik tief zu empfinden, Natur zu betrachten, wahrzuneh-

men, was da ist. Meditation ist, seinem Herzen zuzuhören und doch ständig wach und präsent zu bleiben.

»Die Meditationspraxis beruht darauf, dualistische Bindung, den Kampf von Gut und Böse fallenzulassen«, sagt Chögyam Trungpa. Zen-Meditation fördert, oft in dieser Reihenfolge, die Auseinandersetzung mit dem eigenen Körper, den Schmerzen des Sitzens, anderen persönlichen Gebrechen. Das Beschäftigen mit den aufsteigenden Emotionen, dem eigenen Widerstand z.B. gegen andere Mitmeditierende, die bestehende Ordnung etc. Danach wiederum das Umgehen mit den ständig aufsteigenden Gedanken. Die Buddhisten haben die Methode des Gedankensortierens gefunden. Sie beobachten ihr eigenes Denken und weisen jeden Gedanken einem von drei »Körben« zu: Vergangenheit, Zukunft, Unsinn.

Eine Lösung ist, eine Position einnehmen, die mich als Denkenden, als Beobachter sieht. Eine Position, in der ich mich beim Denken beobachten kann, ermöglicht zu erkennen, dass ich mehr bin als meine Gedanken. Wir sind nicht nur unser Denken, nicht nur unser Verstand. Genauso wenig wie wir nur unser Körper sind. Wir sind darin, aber wir sind darüber hinaus noch weit mehr.

Wir haben die Chance, mit unserem Denken umzugehen.

Gefühl und Verstand

Was unablässig denkt, könnte als nachfühlender Verstand bezeichnet werden. Nachfühlend, weil dieses Verstehen immer hinterherläuft, immer zu spät kommt. Sich nur am Gewesenen orientieren kann. In diesem Teil des Denkens wohnt die Angst. Nachfühlend, weil hier die Gefühle wohnen, die wir zu einer Situation haben. Wir nehmen wahr durch unsere Sinne. Was wir unbewertet wahrnehmen, ist wahr.

Unsere ständigen Gedanken sind wie ein Heimkino, nicht real, nur Befürchtung, Phantasie, auch Vision, eben Heimkino. Wir entscheiden, ob wir daraus für uns eine Wirklichkeit werden lassen oder nicht, je nach unserem Weltbild.

»Wer auf seine eigene Stimme innen aufmerksam wird, hört sie ständig urteilen, bewerten, kritisieren, Einwürfe machen, üben, proben. Hört grundlose Auseinandersetzungen, massiv vorgetragene Überzeugungen, das Ausmalen von Situationen. Übrigens fast immer negativ.« (Henning von der Osten)

Ich kann mich sofort entscheiden, mit diesem Kino in meinem Kopf umgehen zu lernen. Die Filme, die da ungefragt vorgespielt werden, bewusst anzuschauen und diese Filme als mein Produkt anzusehen. Als etwas, das ich mache, aber ich nicht bin! In dem Moment, in dem wir mit Bewertungen wie gut und schlecht beginnen, fühlen wir zu dem Gesehenen, Gehörten oder Gespürten etwas dazu. Wir beginnen, es zu werten. Hier beginnt Dualität, Polarität, Verzweiflung, Geteiltsein. Diese Gefühle kommen *nach* dem Wahrnehmen. So gesehen sind unsere Gefühle nicht wahr.

Gefühle wohnen in der Erinnerung. Denke ich an einen Menschen, eine Situation, verbinde ich damit positive oder negative Gefühle, diese Gefühle stellen meine Beurteilung dieses Menschen, dieser Situation dar. Diese Gefühle sind Erinnerungen, nicht Reaktion auf konkrete Gegenwart. Zum Vergleich: Wenn ich mich verbrenne, ist der Schmerz absolut echt! Schmerz ist sofort da. Deshalb ist dieser Schmerz kein Gefühl im vorher genannten Sinn. Hilfreich ist es daher, zwischen Gefühlen und Empfindungen zu unterscheiden. Das, was wir wahrnehmen, sind Empfindungen: »Mir wird heiß. Mein Herz schlägt schneller.« Diese Empfindungen kann ich nun in unterschiedliche Gefühle interpretieren: »Ich habe Angst« oder »Ich bin aufgeregt«. Den Ausschlag in die eine oder andere Richtung geben fast immer die Gedanken und die Vorerfahrung, die zu diesen Gedanken führen. Denke ich: »Ich liebe den Kitzel beim Risiko!« oder »Das geht sicher wieder schief«? Fragen wir uns: Unterstützt dieser Gedanke oder nimmt er Kraft? Hilft dieser Gedanke in der Situation? Hilft mir mein Denken oder kann ich es ändern?

Kann ich noch umkehren?

Der Bamberger Psychologe Dietrich Dörner hat an seinem Institut untersucht, wie Menschen unter Stress Entscheidungsstrategien entwickeln. Das Ergebnis ist: Je größer der Stress, desto massiver ändert sich die Meinung des Strategen darüber, welche Mittel dem Zweck angemessen seien. Wenn ein stark angestrebtes Ziel nicht mit angemessenen Mitteln erreicht wird, kommen immer stärker unangemessene, das heißt auch unmoralische Mittel ins Spiel – nach dem Motto: »Der Zweck heiligt die Mittel«. Damit gelten plötzlich die zuvor selbstverständlichen moralischen Maßstäbe nicht mehr. Wenn die Krise vorbei ist, verdammen die Versuchsteilnehmer solcher Experimente selbst ihr Handeln als unmoralisch.

»In anderen Experimenten beobachtete Dietrich Dörner, dass Menschen auf einem Weg, der sich als nicht zum Ziel führend erweist, desto weniger leicht umkehren können, je mehr sie sich bereits engagiert haben. Sonst wäre ja alles umsonst gewesen«, heißt es in einem erhellenden Artikel von Martin Urban aus der *Süddeutschen Zeitung* vom 18. 9. 2001.

In Dietrich Dörners Institut hat man festgestellt, dass z.B. die Neigung, in eine erfolglose Werbekampagne weiter zu investieren, in sehr vielen Fällen umso größer wird, je mehr bereits investiert worden ist. Auch der Roulette-Spieler, der schon sehr viel Geld verloren hat, macht gegen alle Vernunft weiter und will das Glück erzwingen.

Für Trennung in Liebe ist das Wissen um diese besonderen Stressmomente wichtig. Es relativiert das eigene und das Partnerverhalten. Wir sind nicht »bei uns«, sondern in der Emotion, die wir, wenn wir sie ausleben, später oft bereuen.

Will ich auf diesem Weg wirklich weitergehen?

Wir sind nicht
unsere Gefühle

Primäre und sekundäre Gefühle

Wir haben Gefühle, wir sind sie nicht! Deshalb können wir mit Gefühlen umgehen. Partner fühlen sich ab und zu gekränkt, abgelehnt, zurückgewiesen oder verletzt. Das geht uns allen so, mir auch. Jeder kann den Umgang mit diesen Gefühlen lernen, und weniger stark und weniger lang davon betroffen sein. Hilfreich ist die Unterscheidung in primäre und sekundäre Gefühle. Diese Unterscheidung kann jeder selbst treffen. Der Hauptunterschied ist: Bringen mich diese Gefühle zum Handeln oder verhindern sie mein Handeln? Primäre Gefühle sind kurz und intensiv. Sekundäre Gefühle werden benutzt um sich, vielleicht ein Leben lang, selbst zu bemitleiden.

»Gefühle, die schwach machen, sind Gefühle, die Handeln verhindern, Nichthandeln rechtfertigen oder als Ersatz für Handeln dienen. Die Gefühle, die zum Handeln führen, sind primäre Gefühle. Die Gefühle, die zum Zweifeln führen und am Handeln hindern, sind sekundäre Gefühle. Die meisten Gefühle, die gezeigt werden, sind Sekundärgefühle und Ersatz für Handeln. Weil sie den anderen überzeugen sollen, dass man nicht handeln kann, müssen sie übertrieben und dramatisiert werden. Der, der sie hat, fühlt sich schwach, und auch die anderen, die präsent sind, fühlen sich schwach und aufgerufen, etwas zu tun, merken aber, dass sowieso nichts hilft. Bei primären Gefühlen fühlen sich die anderen, die präsent sind, mitfühlend, aber frei, weil der andere, der die Gefühle zeigt, stark ist. Es ist eine ganz leichte Unterscheidung. Der, der die sekundären Gefühle hat, muss die Realität ausblenden, weil er das Gefühl mit Hilfe innerer Bilder aufrechterhält.« (Bert Hellinger: *Zweierlei Glück*)

WAS ICH TUN KANN

Fragen wir uns: Ist der Weg, den ich gehe – in dieser Partnerschaft oder in dieser Krise oder in dieser Trennung –, wirklich der richtige für mich? Will ich nur deshalb nicht umkehren, weil ich in ihn schon so viel (Zeit, Gefühl, Geld, Anstrengung ...) investiert habe?

Und: Bin ich auf diesem Weg noch meinen eigenen moralischen Maßstäben und Werten treu? Tue ich Dinge, die ich unter gelasseneren Umständen nie tun würde oder für die ich andere Menschen verurteilen würde?

Meine Gedanken und Emotionen haben Folgen für mich. Ich bin handlungsfähig. Ich kann es und ich tue es! Meine mentale Stärke kann ich beeinflussen, trainieren wie einen Muskel. Ich kann das tun, indem ich mir mein Ziel bildlich vorstelle. Mir z.B. ausmale, wie es sein wird, wenn ich mich mit meinem Partner wieder gut verstehe. »Es wäre gut, wenn wir endlich die schon so lange geplante Wandertour ins Gebirge machen würden!« Oder ich nehme in Gedanken unsere gelungene Trennung vorweg: »Ich stelle mir vor, wie wir uns auf einer Party mit gemeinsamen Freunden treffen und entspannt miteinander reden können.«

Unsere Gedanken und Emotionen haben Folgen für uns.

Vom guten und schlechten Gewissen bei Trennung

Unsere »innere Haltung« bestimmt, wie wir mit besonderen Lebensumständen wie Trennung umgehen. Ist diese innere Haltung geprägt von dem Wunsch nach Ausgleich im Guten, wird Trennung in Liebe möglich. Ist diese Haltung geprägt von Rachegedanken und Wut, kann es noch Zeit brauchen, um zur Trennung in Liebe zu finden.

Wir sind zudem gebunden an unsere Familie und deren Umgang mit Partnerschaft. So wie in unseren Familien mit Partnerschaft oder Trennung umgegangen wurde, so steckt es in uns. Das sind Loyalitäten, die uns nur vordergründig helfen, die manchmal ein sentimentales Heimatgefühl oder Einbezogensein vortäuschen. In den entscheidenden Situationen der Trennung merken wir, wer uns wirklich unterstützt. Vielfach sind es solche Menschen, von denen wir diese Unterstützung nicht erwartet hätten. Oft haben wir bei Trennung oder Scheidung ein schlechtes Gewissen, weil wir gegen Regeln verstoßen, die in unserer Familie üblich waren und sind. Unausgesprochene Regeln, die wir durch Zuschauen, Hören und Reaktionen der Beteiligten still vermittelt bekamen. Was steckt hinter einem schlechten Gewissen?

»In menschlichen Beziehungen werden wir an der Oberfläche sehr häufig geleitet von der Unterscheidung von Gut und Böse. Diese Unterscheidung ist ganz auf der Oberfläche und kann sich überhaupt nicht auf das berufen, was aus der Tiefe aufsteigt. Die Unterscheidung von Gut und Böse ist etwas, das nur in menschlichen Beziehungen wirkt, und zwar deswegen, weil diese Unterscheidung von Gut und Böse nur eine einzige Funktion hat. Die Funktion ist, dass es uns an unsere Familie bindet und dass es uns von anderen Familien und anderen Gruppen abgrenzt. Die Unterscheidung von Gut und Böse zeigt sich im guten oder schlechten Gewissen. Wir haben ein gutes Gewissen, wenn wir uns zu unserer Familie dazugehörig fühlen, und wir haben ein schlechtes Gewissen, wenn wir befürchten müssen, dass wir die Zugehörigkeit zu unserer Familie verspielt haben. Wir verspielen die Zugehörigkeit zu unserer Familie – so meinen wir –, wenn wir auch andere Familien,

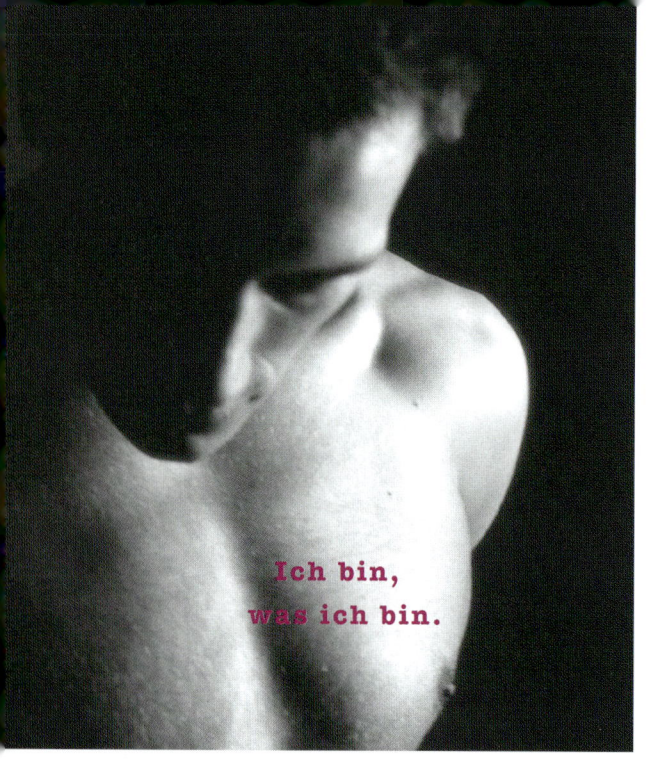

Ich bin,
was ich bin.

andere Gruppen, andere Werte, andere Religionen, andere Kulturen gleichermaßen als gut und ebenbürtig anerkennen. Wenn wir das machen, sind wir mit der Tiefe des Seins verbunden, aber nicht mit unserer Familie in diesem Sinn. Also, um in der Tiefe mit dem Wesentlichen verbunden zu sein, braucht es den Abschied von Einflüssen dieses Gewissens in Bezug auf die Unterscheidung von Gut und Böse. Wenn uns dieser Abschied gelingt, wenn wir zumindest zeitweise loslassen können davon, wenn wir uns auf die innere Mitte sammeln, dann kommt aus dieser Mitte, aus der Tiefe, etwas anderes zum Tragen, eine Bewegung der Seele, die das Unterschiedliche aufhebt und das Widersprüchliche und

Gegensätzliche versöhnt.« (Bert Hellinger, *Die Quelle braucht nicht nach dem Weg zu fragen*) Wenn ich also von einem schlechten Gewissen geplagt werde – wem dient das? Wer bestärkt mich vielleicht in einem schlechten Gewissen und warum?

Das angestrengte Suchen macht das Finden unmöglich.

Auf mein Herz hören, »mich sein«

»Mich sein« meint Sein ohne Wertung, ohne Schuld, ohne Sorge, ohne Angst, ohne Tun. Nur Sein. Mit dem Kopf prüfen und mit dem Herz entscheiden. Auf mein Herz hören. Mir erlauben, meinen Kopf mal ein paar Minuten in Urlaub zu schicken. Verletzlich zu sein, vielleicht ein bisschen naiv. Na und!

Wer lehrt uns das noch? Da ist viel zu holen (nachzuholen) für uns. Klar brauchen wir beides: die Analyse und die Intuition. Aber nicht immer gleichzeitig, auch nicht nur das eine oder das andere, sondern mal gleichzeitig, mal nacheinander, ohne Konzept, je nach Bedarf, mal mit Verstand, mal mit Intuition, mal mit beidem.

Verzweiflung findet im Denken statt. Wir dürfen uns der Verzweiflung nicht hingeben, sonst hören wir die Stimme des Herzens nicht! »Mich sein« wird in langer Meditation erreicht, nicht mehr zu denken, nur noch zu sein. Dieser Ansatz ist für uns Ungeduldige im Westen schwer zu verstehen. Wir sind so sehr im Verstand, im Denken verhaftet, dass uns diese Art des Seins schwer erscheint. Gerade deshalb übt dieses Sein auf uns eine ständige, wohltuende, entspannende Anziehung aus.

Wir nehmen teil an etwas Großem, am Leben. Wir nehmen Teil an etwas, dem wir alle angehören. Unsere Seele ist Sender und Empfänger und Teil von dem, was uns und das Ganze leitet. Wir sind angeschlossen an Kräfte, die uns in den Dienst nehmen, unabhängig von unserem Wollen und unserem Urteil von Gut und Böse. Zu wissen, dass vieles nicht zu verstehen ist. Anzuerkennen, dass die wichtigsten Entscheidungen in unserem Leben ohne unser Zutun geschehen, wie unsere Geburt, Tod, Unfall, Erfolg, Gesundheit. Es geschieht uns.

»Bin ich richtig in dem, was ich tue, bin ich im Einklang mit mir?« Jeder findet seine Antwort auf diese Frage, wenn er sich selbst in Ruhe spürt, ohne zu denken. »Mich sein«, den Weg dahin begleitet die Frage: Was tut mir gut? Was gleicht meine starke Gewichtung der Verstandesanteile aus? Ein paar Ansätze: Wenn ich in drei Wochen sterben würde, was täte ich in der verbleibenden Zeit, was wäre wichtig für mich, was bräuchte ich wirklich? Oder: Wo möchte ich in fünf Jahren stehen? Was will ich dann erreicht haben, was tue ich heute noch, um diesem Ziel näher zu kommen? Wenn ich 80 Jahre alt bin und auf mein Leben zurückschaue, was möchte ich dann auf jeden Fall getan haben?

Im Kontakt sein
mit der Sprache
meines Herzens.

Was wird bleiben? Was bleibt, war aus Liebe! Die Liebe bleibt. Es bleiben all Ihre Sorgen nicht, all Ihre Ängste nicht, all Ihr Haben bleibt nicht für Sie. Alle Ihre Reichtümer bleiben nicht für Sie, sie sind für die Erben. Für Sie bleibt: in Liebe gelebt zu haben. Geliebt worden zu sein. Geliebt zu haben. Das bleibt. Alles getan zu haben, eine Lösung zu finden. Das bleibt. Wir sind nackt auf die Erde gekommen, mit viel Startkapital, nämlich mit einem ganzen Leben, gefüllt mit Bewusstsein. Wenn das Leben aufgebraucht ist, gehen wir wieder nackt.

Der Sinn, so es einen gibt, war, zu leben. Zusammen zu leben in Liebe oder Streit, sich zu trennen in Liebe oder Streit, zu sein, zu denken. Die Erde zu genießen in ihrer Pracht, sie in ihrer Gewalt zu respektieren. Ein Gast zu sein, der ein bisschen da ist und dann wieder geht. Ohne Überschätzung.

»Die Götter helfen einem Menschen nur, wenn er alles getan hat, was er tun kann.« (Homer, *Die Odyssee*)

Warum sollen wir auf unser Herz hören? Kann es sein, dass unser Herz den Weg besser kennt als unser Verstand? Kann es sein, wenn wir eine Bestimmung haben, dass das Herz sie kennt und den Weg dahin kennt? Kann es sein, dass die Stimme unseres Herzens unser bester Weg-

weiser ist? Kann es sein, dass unser Herz aufgeregt, verliebt, erregt, hüpfend, auch trügerisch ist? Das alles kann sein. Deshalb sollten wir unser Herz und das, was es uns sagt, anhören. Um es kennen zu lernen, es wahrzunehmen, auf seine Stimme zu achten, es zu beruhigen, wenn es Angst hat. Es wird nie aufhören zu reden.

Wenn unsere Herzensstimme gehört wird, wird unser Herz eines Tages ruhig werden. Es weiß jetzt, dass seine leise Stimme gehört wird, wenn es etwas zu sagen hat. Das tut gut. Unser Herz wünscht sich nichts mehr, als dass wir unseren Weg gehen. Zu unserem Ziel hin. Um unsere Bestimmung zu finden. Dann wird es ruhig. Unsere Herzen lieben sehr. In ihnen wohnt nur Liebe. Sie können uns und dem anderen Menschen nur Liebe schenken. Unsere Herzen sind sehr zerbrechlich, deshalb fürchten sie sich vor der Brutalität der Macht. Aber jetzt haben sie den Kontakt zu uns wiedergefunden wie in unserer Jugend. Jetzt braucht unser Herz nicht mehr, was es nie konnte: laut zu schreien, um gehört zu werden. Jetzt spüren wir, was es uns sagt.

Unser Herz möchte Frieden finden auch mit dem anderen Herz, dem des Partners. Herzen lieben Frieden. Herzen zerspringen im Hass. Menschenherzen brauchen Einigung. Menschenherzen brauchen Liebe, sind Liebe und wollen Liebe bleiben, auch wenn wir Menschen uns trennen. Warum hat mich mein Herz nicht gewarnt vor dem, was jetzt ist? Habe ich ihm zugehört? Kann es sein, dass es selbst Angst hatte vor dem Leid, welches mit Trennung und Klarheit und Ehrlichkeit einhergeht? Herzen suchen die Liebe und scheuen das Leid, vielleicht deshalb. Aber Herzen wissen auch, dass Wege zur Bestimmung Leid und Liebe bergen. Meinen Partner erreiche ich mit der Sprache des Herzens.

Alles ist gut, alles.
Der Mensch ist unglücklich,
weil er nicht weiß,
dass er glücklich ist.
Nur deshalb.
Das ist alles, alles.
Wer das erkennt,
wird sofort glücklich sein,
im selben Augenblick.

Fjodor Dostojewski

Im Anschluss sein mit mir

Anschluss finden an sich, in Kontakt sein mit sich, spüren, was gut tut, was mir und dem anderen gut tut. In Kontakt sein mit der Sprache meines Herzens. Ich entscheide, ob ich mich provozieren lasse, ob ich eingehe auf die sarkastischen Bemerkungen. Ich entscheide, wie ich mit mir spielen lasse. Ich entscheide, ob ich das Spiel mitspielen will, das der andere mir vorspielt. Bei Trennung in Liebe ist die Richtung klar. Dort, wo für alle Unterstützung, Gutes, Hilfreiches, Nützliches zu erwarten ist, geht es hin. Die Regel lautet: keine Verlierer. Ich achte den Partner und ich erwarte, dass er mich achtet. Sollte das nicht so sein, beende ich das Gespräch ohne Vorwurf, aber klar in der Aussage: »So nicht.«

Wenn beide Partner verstehen und spüren, dass sie im Guten mehr gewinnen als im Streit, dass Lösung einer Krise mehr bringt als deren Verschweigen, dass Hinschauen und Wahrnehmen mehr bringt als Wegschauen und Zudecken, dass das Spüren so wichtig ist wie das Denken – dann geht es gut weiter. Hören Sie genau hin, wer was sagt in der Zeit der Klärung oder Trennung. Sie haben jetzt alle Kraft, die Sie brauchen. Glauben Sie Ihrem Herzen. Denken Sie daran, dass jeder auf sein Wohl bedacht ist, Sie auch, denn Trennung in Liebe funktioniert genauso: zum Wohle aller.

Wenn Sie einen Bezug zu Musik haben, hören Sie in der Trennungszeit die Musik, die Ihnen gut tut. Gehen Sie in die Natur, in die Kirche, in die sternenklare Nacht – was immer Ihnen gut tut. Lassen Sie sich Zeit. Zeit für wichtige Entscheidungen. Ich habe selbst erlebt, welche Kraft uns Menschen zuwächst, wenn wir eine gute Lösung für alle finden möchten. Glauben Sie an das Leben oder an Gott, wenn Sie können, daran, dass es etwas Größeres gibt, das uns alle verbindet. Glauben Sie an die Kraft der Liebe. Glauben Sie daran, dass alles in Ordnung kommt und gut wird. Beten Sie, indem Sie danken für Ihr Leben. Bitten Sie um nichts.

Im Anschluss sein mit sich selbst ist wie eine Meditation in Glaube, Hoffnung, Liebe.

Dieses Im-Anschluss-Sein mit sich selbst ist wie ein Gebet. Ein Gebet mit sich selbst. Es ist das Anrufen der höheren Instanzen in mir, die nicht von Hass, Eifersucht, Rache verblendet sind.

Ich traue dem Leben.

Die Regel lautet:
keine Verlierer.

Setzen Sie sich ruhig hin. Lesen Sie, in aller Ruhe, Ihr Lieblingsgedicht, das Sie berührt und in Frieden bringt, betrachten Sie Ihr Lieblingsbild. Anschluss finden an mich, damit wünsche ich mir und den Beteiligten das Beste. Ich bin ruhig und höre z.B. die Musik, die mich tief berührt, die mich fähig macht, über meinen Schatten zu springen, das Gute im anderen zu sehen, das zu sehen, weshalb ich sie/ihn geliebt habe. Damit verschwindet nicht das, was auch da ist, der Teil, der mir Schwierigkeiten macht. Aber ich sehe, es gibt beides. Wie auch in mir, auch ich habe beides. Ich kann zu beidem, auch bei mir, stehen. Auch mein Partner, meine Partnerin hat diese Anteile.

Ich erkenne, dass ich immer wieder diese Ruhe verlassen werde. Überrollt werde von den Ereignissen. Fehler mache. Ich darf Fehler machen. Ich lerne dazu. So wie es allen geht. Ich bin gleich viel wert. Ich achte mich. Ich weiß, dass ich immer wieder zurückkann, zu mir, in mich, in meine Ruhe, in meine Weisheit. Jederzeit bin ich für mich da. Ich kann mich heilen. Ich heile mich durch mein Vertrauen in mich und in das Leben. Ich verbinde mich mit dem Vollkommenen in mir, diesem Teil, der über Erkennen hinausgeht. Der das Ganze zu mehr macht als der Summe seiner Teile. In dem die Hoffnung wohnt, in dem der Glaube an das Leben zu Hause ist, in dem die Liebe regiert in mir.

Die besten Möglichkeiten,
meine Gefühle zu vermeiden,
sind: Nicht oder flach atmen,
den Atem anhalten,
die Muskeln anspannen,
verkrampfen,
die Augen schließen,
in eigenen Bildern sein.

Wunsch nach Veränderung und Gleichwertigkeit

Um Trennung in Liebe zu leben oder eine Klärung der Partnerschaft anzugehen, ist die Bereitschaft beider Partner, die Situation zum beiderseitigen Wohl zu verändern, die Voraussetzung. Wenn ein Partner mit wesentlichen Veränderungen in der Partnerschaft beginnt, kann der andere nicht mehr so weitermachen wie bisher. Jedoch kann ein Buch nicht den guten Willen ersetzen, den jeder braucht, um Gutes in der Beziehung zu schaffen. Es kann erinnern an Bekanntes, an Werte, die Ihnen schon vertraut sind. Sie handeln, Sie verändern Ihre Situation mit Wohlwollen.

Ich bin, was ich bewirke.

Unterschiedlichkeit oder Gleichheit in Herkunft oder Thematik hat uns zusammengebracht. Chancen haben sich verliebt. Aus vielen der Chancen ist etwas geworden, aus manchen nicht. Schade, aber kein Grund, die Flinte ins Korn zu werfen. Es ist immer die richtige Zeit, Gleichwertigkeit herzustellen. Für den Mann, indem er die Frau achtet und schützt. Für die Frau, indem sie den Mann achtet. Das beginnt bei den materiellen Werten, indem die Frau beispielsweise für ihre Leistung als Mutter finanziellen Anteil am Verdienst des Mannes, über den sie frei verfügen kann, bekommt. Damit achtet der Partner »Muttersein« als wertvolle, wichtige Arbeit. Der Mann gibt freiwillig. Aus der Liebe zu seinen Kindern, zu seiner Frau, aus dem Erkennen, dass für die Familie die Liebe der Mutter und die Achtung des Vaters für die Mutter und Frau das Beste ist. Damit nicht genug. Die Frau nimmt den Schutz des Mannes an. Heilt das oder spaltet es?

Ich traue dem, was sich in meiner Beziehung zeigt.

Mann sein, der Ur-Mann – Eine Vision »nur für Männer«

Alle Männer haben Anschluss an den Ur-Mann in sich. Dieser Ur-Mann ist ein starker Krieger, der beschützt, aber niemals andere belästigen oder gar verletzen würde, ohne selbst angegriffen zu werden. Dieser Ur-Mann achtet das Revier der anderen Männer und deren Frauen und Kinder. Der Ur-Mann wird nicht mit der Frau seines Freundes oder Feindes schlafen, nur um sich zu befriedigen, denn er hat seinen Frieden in sich gefunden. Er hat das brennende Verlangen in seinem Penis nach Befriedigung tausend Mal verspürt und es überlebt.

Der Ur-Mann, der in allen Männern wohnt, hat die Gewalt der Lust kennen gelernt, leiten gelernt, nutzen gelernt, hin zu der Frau, die ihn begehrt. Mit ihr teilt er seine Wildheit, die nicht brutal ist, sondern stark und lustvoll. Der Ur-Mann leitet jeden Mann an, die Gewalt seiner Lust zu benutzen und nicht von dieser Gewalt benutzt zu werden. Der Ur-Mann schenkt seine gewaltige Lust der Frau, die ihn liebt, dort gehört sie hin. Langsam und ausdauernd liebt er diese Frau für alles, was sie ist, und dafür, wie sie ist. Ohne sich Bilder zu machen davon, wie seine Partnerin sein sollte, oder von anderen

Frauen, während sie sich lieben. Der Ur-Mann zeigt den jungen Männern, wie sie ihre Stärke und Ruhe finden, die sie bei ihm bewundern. Junge Männer spüren, dass sie sich ihm anvertrauen können. Junge Männer spüren diesen Ur-Mann in sich. Er ruft sie über die Vorbilder, Idole, die sie sich suchen.

Leider werden die jungen Männer immer wieder enttäuscht. Bis sie die Suche aufgeben und in fürchterlichen Beziehungen gefangen sind und aufhören, nach dem Ur-Mann in sich selbst zu suchen. Der Ur-Mann sagt jungen Männern in erwachsenen Körpern, dass die Liebe eine Kunst ist, die es zu erlernen gilt. Zuerst die Liebe zu sich. Danach die Liebe zu einer Frau, zu Kindern und auch die zum Beruf. Ältere Männer kräftigen junge Männer im Gespräch, indem sie darüber reden und durch ihr Handeln zeigen, was es bedeutet, Frauen zu ehren. Sie weisen auf Werte hin, die Bestand haben:

Allein draußen in der Natur zu sein.
Mich selbst kennen zu lernen, was ich liebe, was mich stärkt.
Was es bedeutet, leidenschaftlich zu lieben, leidenschaftlich zu arbeiten.
Was es bedeutet, Kinder zu begleiten, bis sie selbst stark sind.

Diese Männer versagen sich der Gewalt gegen Schwächere, andersdenkende, andersfarbige

Mit ihr teilt er seine Wildheit, die nicht brutal ist, sondern stark und lustvoll.

Menschen, Gewalt und sexuellen Missbrauch gegen Frauen und Kinder. Diese Männer sagen: Wir werden dich daran hindern, z.B. deine Frau und Kinder zu schlagen, weil es dir und uns allen schadet.

Männer sind im Moment allein. Männer haben den tiefen Punkt eines langen Weges erreicht. Männer haben seit vielen Generationen vergessen, was ihnen gut tut, was ihre Frauen brauchen, was ihre Kinder haben müssen. Nur Männer können sich aus dieser Falle herausziehen, indem Männer sich gegenseitig erinnern, was ihnen gut tut und was schadet:

Indem wir Männer langsam »Mann sein« wieder zu einer Ehre machen. Indem wir dem Elend, das von vielen Männern angerichtet wurde, ein gutes Ende setzen. Indem wir aufhören, uns in sinnlose Kriege schicken zu lassen, uns betrügen zu lassen von alten, bösartigen Männern mit selbstsüchtigen Phantasien, die uns opfern für ihre Machtbedürfnisse in Weltkriegen, in Kriegen in Vietnam, Bosnien, Israel, Palästina, Irland, Afrika, Asien, Südamerika, Afghanistan, am World Trade Center in New York, im Irak und wo als Nächstes?

Jungen Männern, mit und ohne Uniformen, wurden und werden eine falsche Ehre und falsche Ideale verkauft. Ideale des Hasses, der Zerstörung. Diese jungen Männer werden missbraucht, in Situationen der Hilflosigkeit und Aussichtslosigkeit gebracht, in der sie keine Perspektive haben, sie werden als Waffen benutzt. Angefüllt mit Hass und Hoffnungslosigkeit explodieren sie. Sinnlos. Sie lassen sich zur Zerstörung verführen von älteren Männern, die zu feige sind, selbst den Kopf hinzuhalten, die zu feige sind, ihre Söhne und Töchter ans Messer zu liefern. Die vielleicht auch selbst der Lüge aufgesessen sind, »Nur die anderen wollen Krieg«, die zu faul sind für die schwere Arbeit am Frieden.

Diese älteren Männer haben ihr Alter, ihren Einfluss, ihre Macht, ihre Kraft, ihr Wissen nicht dazu eingesetzt, ihre Familien, ihre Länder zu schützen, sondern dazu, zu unterjochen, zu besetzen, zu unterwerfen, auszubeuten oder Reichtum anzuhäufen auf Kosten der anderen.

Hören wir auf Veteranen der Weltkriege, aus Korea, Vietnam, den Golfkriegen, den Balkankriegen, Afghanistan usw.: Was vom falschen Heldenmut blieb im Lazarett, nachdem sie den hohen Preis bezahlt hatten oder schließlich für ihr Land gestorben sind.

Väter können aus der Vergangenheit lernen. Indem sie ihren Söhnen, Töchtern und deren Freunden sagen, dass das Töten im Krieg, aber auch durch Todesstrafe weitreichende Folgen hat für die Nachkommen aller Beteiligten, Täter wie Opfer. Dass es keinen heiligen Krieg gibt! Weder vor tausend Jahren noch heute. Die Folgen beweisen das! Indem sie darüber sprechen, welchen Unterschied es macht, aus Hunger, zur

Männer haben seit vielen Generationen vergessen, was ihnen gut tut.

Ernährung, in Selbstverteidigung zu töten oder aus Hass, aufgestachelt von Propagandisten mit Halbwahrheiten der Unmenschlichkeit. Väter könnten ihren Söhnen und Töchtern sagen, dass ihre Bereitschaft, ihr Leben für ihre Familie zu geben, ausgenutzt werden kann von machttrunkenen Betrügern aller politischen Richtungen.

Andererseits können wir nicht einfach zu Pazifisten werden. Das wäre zu einfach. Männer beschützen ihre Familien gegen Angriffe. Das haben die Alliierten 1944/45 getan. Ohne diesen oftmals tödlichen Einsatz würden wir in einer wahnsinnigen Welt leben. Die Grenze zu ziehen zwischen kriegerischem Machtmissbrauch und berechtigtem Eingreifen von Staaten ist heute eher noch schwerer als früher. Trotz unseres Mehr an Information und Nachrichten haben wir ein Weniger an qualitativer Information. Wir sind einer meinungsmachenden Maschinerie ausgesetzt, die zu durchschauen viel Zeit und Verstand fordert. Das können und wollen die meisten nicht aufbringen nach einem arbeitsreichen Tag.

Es kann sich etwas ändern, wenn wir beginnen anzuerkennen, dass alle, Machthaber und die, die dieser Macht zu folgen haben, auch Deserteure, Terroristen, einfach wir alle, eingebunden sind in ein undurchsichtiges Ganzes. Dieses Ganze können wir oft nicht verstehen. Aber wir können Gesetzmäßigkeiten wieder-erkennen, wie z.B.: Unrecht zieht neues Unrecht nach sich. Hass neuen Hass. Angreifer und Verteidiger sind in einen »Dienst« genommen, dem sie nicht entweichen können. Oft rührt dieser Handlungszwang aus der Vergangenheit her. Dort könnte auch eine Lösung beginnen. Durch einen Ausgleich, der die Opfer aller Parteien anerkennt und würdigt, indem von jeder Seite nicht mehr, sondern weniger angetan wird, kann die Todesspirale zum Stillstand kommen. Doch bevor diese Einsichten greifen, werden wir wohl noch einige Zeit den Krieg als den »Vater aller Dinge« beschreiben.

Das bedeutet konkret, dass zuerst der Wille zur Beendigung von Krieg zwischen Ländern oder der Wille zur Beendigung von Krieg in Beziehung vorhanden sein muss. Erst indem die totale Bedrohung meines Lebens, das meiner Familie, erkannt wird, findet sich Bereitschaft, über den eigenen Schatten zu springen. Indem ich danach dem anderen weniger vom Schlechten antue und mehr vom Besseren, geht es wieder bergauf.

Viele Männer sind heute unzureichende Leitbilder, weil sie selbst keine Gelegenheit hatten, die Fähigkeiten abzuschauen oder zu erlernen, die sie weitergeben sollen. Aber in Männern ist die Sehnsucht, diese Fähigkeiten auszubilden, und das sichere Gespür für das, was uns und unseren Partnerinnen und Kindern gut tut und was nicht.

Es gibt auch unerwartete Lösungen: Ein alter Araber hinterließ nach seinem Tod seinen drei Söhnen 17 Kamele. Als Bedingung für die Verteilung des Erbes bestimmte der Alte, dass die Kamele wie folgt aufzuteilen seien, mit der Auflage, kein Kamel zu töten: Der älteste Sohn sollte die Hälfte bekommen, der Mittlere ein Drittel, der Jüngste ein Neuntel. Die Söhne rechneten und rechneten, ohne Ergebnis. Da kam ein Beduine mit einem Kamel vorbei. Er fand die drei im lauten Streit, wer nun Recht hätte. Aus den Worten erkannte der Beduine schnell, dass es sich um Erbstreitigkeiten handeln müsse. Er fragte: »Darf ich euch einen Vorschlag machen?« »Was weißt du schon?«, schrien die drei Streithähne. »Ich glaube, es gibt eine Lösung für euch, die ihr noch nicht in Betracht gezogen habt. Sie liegt auch nicht nur in euren Möglichkeiten. Ihr braucht`noch etwas dazu.« »Mach es nicht so spannend«, sagten die drei, schon interessierter. Der Beduine sprach: »Ihr habt 17 Kamele, das sind genug und doch nicht. Ich gebe euch noch mein Kamel dazu. So haben wir 18 Kamele. Jetzt bekommst du Ältester die Hälfte, das sind neun Kamele. Du mittlerer Sohn sollst ein Drittel bekommen, das sind sechs Kamele. Du Jüngster sollst ein Neuntel bekommen, das sind zwei Kamele. So haben wir 9 + 6 = 15 + 2 macht 17 Kamele, das sind eure 17, übrig bleibt meines. Das nehme ich jetzt wieder und sage euch Lebt wohl!« (aus einem Vortrag von Paul Watzlawick in Basel 1998)

When you lose,
don't lose the lesson.
Dalai Lama

Lösungs-
möglich-
keiten

Was stärkt, was schwächt?

Mögliche Wege zur Lösung: Finden Sie den für Sie richtigen Satz oder Abschnitt der hier angebotenen Lösungsideen. Entscheiden Sie, ob das Ihr Ziel ist und wie sich Ihr Standpunkt dazu verändert. Probieren Sie Lösungsansätze aus, mit dem Partner oder allein. Es ist eine Sammlung, aus der mal mehr, mal weniger für den Einzelnen passen wird.

Liebe in der Partnerschaft ist mehr als die Abwesenheit von Krieg in der Beziehung. Wenn aus den stürmischen Zeiten der Verliebtheit Partnerliebe geworden ist, sollten wir auf diese Zeiten der partnerschaftlichen Freundschaft zurückblicken, erinnern, was uns damals zusammengehalten hat. Partner finden Bereitschaft, sich zu verändern, wenn sie spüren, dass sie so geachtet und geliebt werden, wie sie sind.

Rettungsanker im Streit sind: ein liebes, ehrliches Wort, eine freundliche, scherzhafte Bemerkung (keine boshafte Ironie). Im gemeinsamen Lachen beginnt sich die Spannung zu lösen. Wir verhindern, dass Negatives unser Gespräch überrollt, indem wir eine humorvolle Bemerkung machen oder z.B. uns wie ein Kind gebärden.

Liebe erreichen wir immer nur teilweise. Es gelingt uns zu Anfang, sie zu streifen, festhalten lässt sie sich nie. Aber immer mehr können wir Liebe in unser Leben bringen, zu uns, zuerst zu uns, dann zu anderen. Im Handeln, im Jetzt. Durch das Spüren, dass uns Liebe gut tut, besser tut als Streit. Durch kleine Gesten. Eine gute Lösung überhaupt für möglich zu halten ist der erste Schritt.

»Gewahrwerden, Wille zur Veränderung, Übung, das Zulassen von Angst und neuen Erfahrungen sind vonnöten, wenn die Verwandlung des Individuums gelingen soll. An einem gewissen Punkt ändert sich die Energie und Richtung der inneren Kräfte derart, dass sich auch das eigene Identitätserleben ändert. Solange ich am Haben orientiert bin, heißt das Motto: ›Ich bin, was ich habe‹. Nach dem Durchbruch heißt es: ›Ich bin, was ich bewirke‹.« (Erich Fromm, *Vom Haben zum Sein*)

Alle bisher versuchten Lösungen können wir getrost beiseite legen. Sie haben nicht gebracht, was wir erwartet hatten, nämlich die Lösung der Schwierigkeiten, sonst wären wir nicht da, wo wir jetzt sind. Es ist vielmehr anzunehmen, dass eben diese Versuche die Schwierigkeiten aufrechterhalten haben. Das ist der Grund, weshalb wir mit neuen Lösungsmöglichkeiten beginnen.

Es gibt unendlich viele verschiedene Ansätze, Konzepte, alle sind Wirklichkeitskonstruktionen, die versuchen, eine (die eigene) Sicht der Dinge dem anderen zu vermitteln. Allein das Erkennen, dass es Konstrukte sind, hilft in diesem Zusammenhang.

Wir sind geliebt und behütet über unsere Fähigkeit hinaus, zu denken und zu planen. Da-

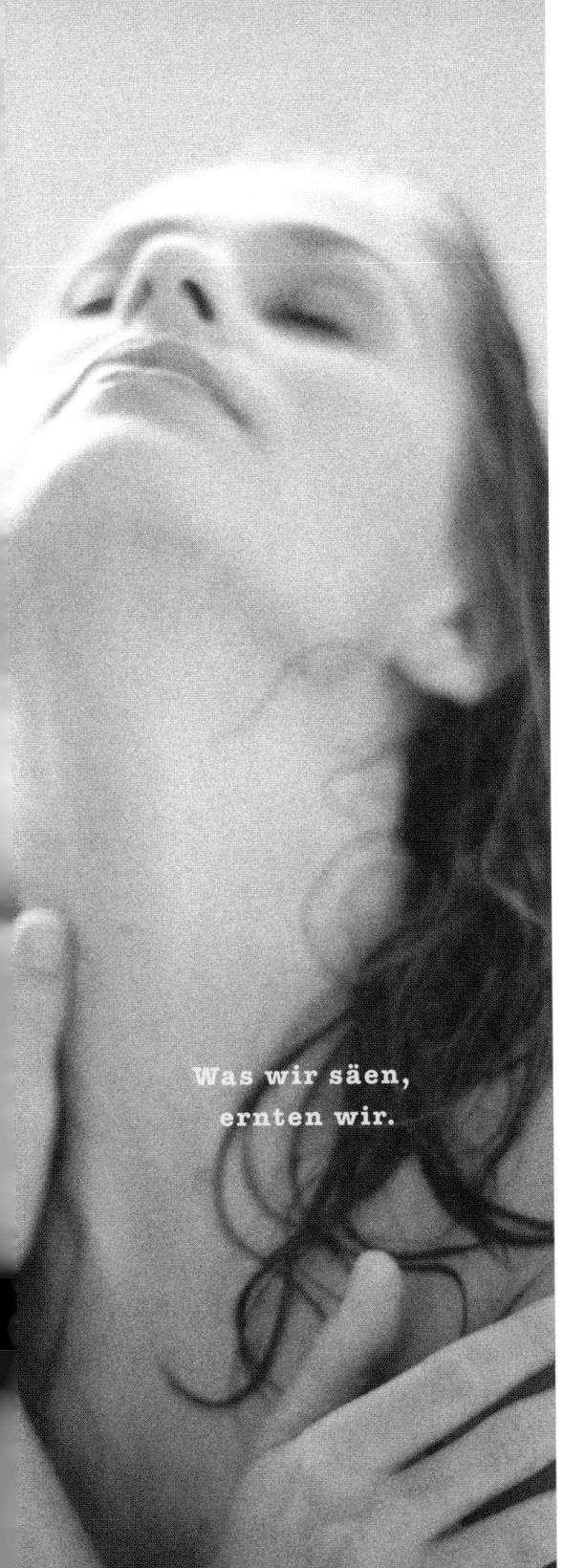

Was wir säen,
ernten wir.

rüber hinaus sind wir geliebt und behütet. Wir wissen, dass wir die gute Lösung zwar planen, aber nicht erzwingen können, nicht mit Druck erreichen. Wir wissen, die gute Lösung stellt sich ein durch unser gutes Zutun, das Lassen, das Nichtbewerten, das Annehmen dessen, was ist.

Wir brauchen Zeit. Zeit, um für Veränderungen beim Partner zu werben. Zeit gibt dem anderen die Möglichkeit, sich neu zu orientieren. Zeit heilt, wenn Gutes wirken kann. Zeit dauert lange, wenn Schlechtes wirkt. Ich nehme den Partner in seinen Befürchtungen ernst und gehe darauf ein. Wir lassen uns nicht von unserem Weg der Klarheit abbringen. Wir sind beharrlich in unserem Handeln.

Liebe zu mir selbst, zum Partner, kann besser gelingen, wenn die Liebe zu unseren Eltern fließen kann. Wenn wir unseren Vater und unsere Mutter nehmen, wie sie waren. Ohne »Verbesserungsvorschläge«. Sie waren/sind die Einzigen für uns, die einzig richtigen Eltern. Das, was schlimm war, nehmen wir, wie es war. Es war schlimm. Wir stimmen dem zu, was war. Ich schaue hin, ich stimme dem zu, dann kann aus dem, was schlimm war, vielleicht Liebe wachsen. So kann ich es schaffen, das Leid zu beenden. Damit die Liebe wieder in mir und dann wieder in meiner alten oder neuen Partnerschaft fließen kann.

Zuwendung ist der Schlüssel, der zu Schwierigkeiten passt. Mit ihm lässt sich die Lösung,

Liebe bedeutet, den anderen so zu lassen,
wie er ist, und ihn so zu lieben.
Nicht erst, wenn er so ist,
wie ich will.

Die Beharrlichkeit,
der Lösung eine Chance zu geben.

die hinter dem Schwierigen steht, leichter erkennen. Ich handle in meinem Ermessen und übernehme dafür die Verantwortung. »Wenn etwas funktioniert, mach weiter so. Wenn etwas nicht funktioniert, mach etwas anderes.« (Steve de Shazer)

Abwendung ist das Gegenteil von Zuwendung. Unsere Kinder brauchen die uneingeschränkte Zuwendung während und nach der Trennung. Das passende Maß an Zuwendung und Abwendung vom Expartner muss jede/r für sich selbst finden. Ich habe erlebt, dass das Maß an Zuwendung sich verändert, basierend auf gegenseitigem Wohlwollen.

Ich traue dem, was sich in meiner Beziehung gezeigt hat, nicht dem, was ich darüber denke. Das meint: Ich bin orientiert an den Tatsachen. Nicht daran, wie ich sie empfinde! Sehen Sie selbst, was das für einen Unterschied macht, ohne Unterstellung auszukommen, dem anderen keine bösen Absichten zu unterstellen, nur Fakten zu nennen. Beispiel: »Wir haben nach drei Jahren geheiratet. Haben zwei Kinder. Sind jetzt seit 15 Jahren zusammen. Ich habe meinen Mann verlassen.« Wie wenig bleibt, wenn wir unsere Emotionen weglassen. Emotionen und Schuldzuweisung wohnen in derselben Straße. Machen Sie einen großen Bogen darum! Wir entscheiden uns in jedem Moment, ob wir unserer Intuition folgen wollen, ob wir Kreativität leben, die immer eine bessere Lösung birgt als

die Wiederholung alter Vorwürfe. Sie selbst entscheiden das, niemand sonst!

Alles, was wir bisher zur Lösung unseres Problems getan haben, hat nichts gebracht. Im Gegenteil, es hat dazu geführt, dieses Problem so am Leben zu halten. Deshalb könnten wir getrost darauf verzichten!

Nehmen Sie den Standpunkt Ihres Partners ein und vertreten Sie diesen Standpunkt so klar und deutlich, in Anwesenheit des Partners, dass Ihr Partner damit übereinstimmt. Dann ist Ihr Partner an der Reihe und tut dasselbe, bis Sie zufrieden sind (nach Anatol Rapoport). Sie werden sehen, das Problem hat nicht mehr die Brisanz wie vorher! Das ist das Ende der Unterstellungen, die nach dem Motto laufen: »Ich weiß genau ...«

Mitleid dem Partner gegenüber macht mich stark und schwächt den Partner. Mit*gefühl* hingegen will nichts erreichen, nimmt wahr, was ist, und versucht zu unterstützen. Heilung für viele unserer Schwierigkeiten gibt es, wenn wir beginnen, unsere Angst anzuschauen, wenn wir unsere Erwartungen fallen lassen, wenn wir keine Macht über andere mehr brauchen. Wenn wir erkennen, dass es keinen Grund gibt, sich besser zu fühlen als ein anderer Mensch. Dann werden wir heil und in Liebe vereint mit allem, was lebt und ist.

Die Angst verlieren: Aufsteigende Angst schaue ich an, nehme sie wahr, erkenne: Davor

Glückliche Paare unterscheiden sich von unglücklichen im Streitverhalten, weil sie kurz und heftig streiten und nicht nachtragend sind.

habe ich Angst. Der Angst Raum geben. »Es ist meine große Angst, wenn das und jenes passieren würde.« Diese Angst sitzt im Verstand. Sie ist durch Denken erzeugt. Deshalb kann ich sie wieder gehen lassen, entkräften, indem ich sie erkenne, ernst nehme und gehen lasse. Beim nächsten Mal erkenne ich diese Angst wieder und sie verliert allmählich ihre Kraft. Die wichtige, überlebensnotwendige Angst hingegen erkenne ich daran, dass ich sofort handeln muss, um mich nicht zu gefährden. Diese Angst ist angeboren und wichtig.

Erwartungen abbauen: Ich handle ohne den Druck der Erwartung. Mit meiner Erwartung habe ich den Anspruch, das Ergebnis vorwegzunehmen, und ich bin enttäuscht, wenn es anders kommt. Ich handle in guter Absicht mit dem Wunsch, das Beste zu erreichen für alle, aber ohne Erwartung. Der Unterschied zwischen Wunsch und Erwartung: Der Wunsch lässt den Ausgang offen, erwünscht. Die innere Haltung beim Wünschen ist: »Wenn es so sein darf!« Die Erwartung hingegen versucht zu erzwingen. Der Wille steht im Vordergrund.

Es gibt keinen Grund, sich besser oder schlechter zu fühlen aufgrund von Hautfarbe, Nationalität, Herkunft, Geschlecht. Die Kraft spüren der gemeinsamen Wurzeln, des Menschseins. Unterschiede tolerieren, erkennen: Wir sind nicht der gleichen Meinung und das ist gut so. Agree to disagree!

Wenn es so bliebe, wie es ist, wäre das gut oder schlecht für mich? Wer »versucht«, lässt es beim Alten, wer »probiert«, auch. Wer handelt, wird Erfolg haben. Es ist eine Frage der Haltung: Will ich den Mangel fördern oder die Fülle? Ich schaue mich an und verbünde mich mit meinen Möglichkeiten, so stehe ich immer auf der richtigen Seite.

Ich frage mich: »Wo bin ich in einem halben Jahr, wenn mein Wunsch in Erfüllung geht?«
Ich frage mich: »Wen stärkt dieses Verhalten, wen schwächt es?«
Ich frage mich: »Woran würde ein anderer merken, dass sich in meiner Beziehung etwas zum Guten hin verändert hat, wenn ich das … ändere?«
Ich frage mich: »Wohin sehe ich, auf das Negative oder auf das Positive, bei mir und dem Partner?«

Indem ich mich so akzeptiere, wie ich bin, ohne den Versuch, besser, reiner, einsichtsvoller zu wirken, kann ich auch meine vermeintlichen Schwächen und Unvollkommenheiten sein lassen. Sonst wird, was ich an mir ablehne, zu meinem Feind oder zum Ziel meiner Veränderung. Das ist sinnlos, weil ich mich so nicht verändern kann. Ich habe die Bereitschaft zu lernen. Es hat gute Gründe, dass ich so bin, wie ich bin. Vielleicht auch Gründe, die niemand kennt.

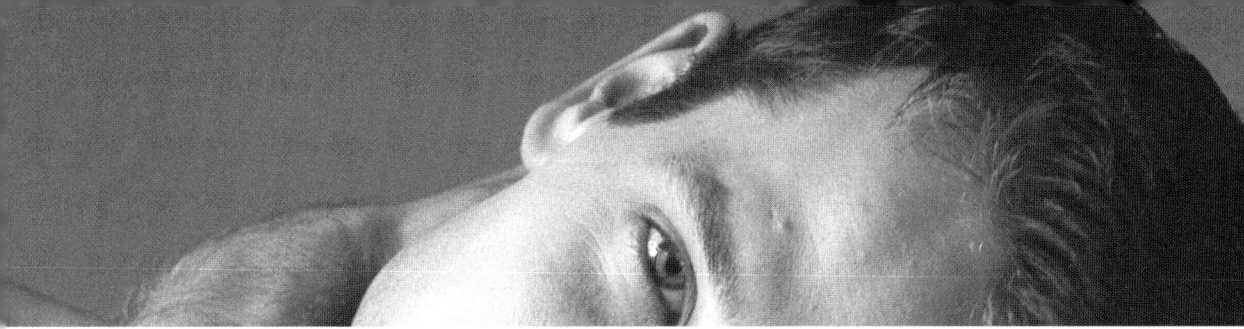

Heute ist oft die Betonung der Form wichtiger als die Betonung des Inhaltes. Paare bleiben z.B. »der Form halber« zusammen, auch ohne inhaltliche Basis. Doch eines kann nicht ohne das andere. Es fehlt an Inhalt, wenn nur Zeit für die Form aufgewendet wird. Der Töpfer arbeitet an der Form des Topfes, die Leere darin macht den Topf erst zum Topf. Liebe gibt Inhalt. Liebe kann sein, dem anderen und sich selbst Dinge zu sagen, die er und man selbst nicht hören will. Liebe ist der Mut, wahrhaftig zu der Situation zu sein, die ist. Es ist einfacher, in Wut zu geraten als in Liebe. Aber Wut dauert nicht. Wut braucht einen Grund. Liebe kann ohne Grund, einfach der Liebe wegen gelebt werden. Liebe ist immer da. Liebe heißt, mich selbst so nehmen, wie ich bin. Liebe bedeutet, den anderen da zu lassen, wo er ist, und ihn da zu lieben. Nicht erst, wenn er so ist, wie ich will. Was für eine Übung!

Indem ich die schlechten Seiten betone, verbinde ich mich weiter im Schlechten. Bei einer Trennung in Liebe verstärken wir die guten Seiten, ab jetzt. Was wir säen, ernten wir.

Gegenseitiges Anklagen schürt Ihre Emotionen. Eskalierender Hass ist die Folge. Liebe ist keine Emotion. Liebe ist das Ziel und der gangbare Weg zueinander oder bei Trennung nebeneinander. Hass ist der Weg gegeneinander.

Was können Sie tun, wenn Sie spüren, dass Sie oder Ihr Partner stark mit Emotionen aufgeladen sind? Bewährt hat sich eine Unterbrechung. Unsere Muster hassen Unterbrechungen! Muster und Emotionen müssen ständig geschürt werden, sonst erlöschen sie. Sie gedeihen auch sehr gut in Gruppen Gleichgesinnter. Dann trauen sich Einzelne, was sie allein nie einem anderen zufügen würden.

Wichtig ist, sich nicht gegenseitig Vergangenes vorzuwerfen. Bleiben Sie im Jetzt. Nur jetzt können wir handeln. Was war, das war. Jeder hat sein Bestes getan. Auch wenn die Folgen es anders erscheinen lassen. Wir tun uns schwer mit dieser Aussage, weil sie uns die Möglichkeit nimmt, eine weiße Weste zu behalten, uns zwingt, Verantwortung zu übernehmen. Es bedeutet ganz einfach: Ich habe Fehler gemacht, du hast Fehler gemacht. Jetzt sind wir da, wo wir uns hingebracht haben. Jetzt bringen wir unsere Beziehung in Ordnung oder wir trennen uns respektvoll. Ohne Vorwürfe, mit dem Wissen, es gibt keine Schuld zuzuteilen, sondern die Verantwortung für das, was ich tue und getan habe, zu nehmen.

Über Gefühle –
psychische Gesundheit

Mein Bild ist, dass wir Trennung/Scheidung/Partnerschaft/Freundschaft und andere wichtige Passagen im Leben meistern können, wenn wir in der Lage sind, verschiedene Blickwinkel einzunehmen. Wenn wir verstehen, dass unsere Konzepte, Muster, Gedanken, Gefühle so sind, wie sie sind, weil wir *denken,* sie sind so. Wenn wir uns erlauben, dieses Denken in Frage zu stellen. Wenn wir die Chancen nutzen, die eine Lebensherausforderung wie eine Trennung uns bringt.

Wir sind unseren Gefühlen nicht so ausgeliefert, wie wir das oft meinen. Wir sind auch nicht gezwungen, aufgrund unserer Gefühle in einer bestimmten Weise zu handeln. Wir sagen vielleicht: »Ich war eben so verletzt, da konnte ich nicht anders« oder »Ich habe meine Wut lange genug unterdrückt, jetzt lass ich sie endlich raus, das ist besser für mich!« Doch stimmt das? Gefühle zu haben ist eine Sache, wie oder ob wir sie ausdrücken, ausagieren, ist eine andere: »Heute ist es für uns an der Zeit, uns auf eine andere Ebene zu begeben, auf die Ebene, auf der Gefühle weder verdrängt noch ausgedrückt werden. Auf dieser Ebene werden Gefühle gefühlt. Wird Wut verdrängt, würden viele Therapien z.B. darauf abzielen, wie die verdrängte Energie der Wut ausgedrückt und somit zum Gefühl werden könnte. Werden Gefühle ausgedrückt, so hält das, wie viele Menschen bestäti-

Ich brauche nicht
perfekt sein,
um Erfolg in
meiner Beziehung
zu haben.

gen können, die Erfahrung am Leben, und sie wird immer wieder neu durchlebt. Mit anderen Worten, ständiges Ausdrücken von Gefühlen führt nur zu weiteren Erfahrungen derselben Art. Außerdem ist das Ausdrücken von Gefühlen im Zweifelsfall nichts anderes als eine geschickte Methode, um sich gegen Gefühle zu wehren. Mit anderen Worten, um zu vermeiden, nach innen gerichtete Gefühle zu fühlen, wende ich sie nach außen und drücke sie aus. Gefühle auszudrücken bedeutet also nicht notwendigerweise, dass man Gefühle fühlt. Gefühle ausdrücken heißt Gefühle ausdrücken – Gefühle fühlen heißt Gefühle fühlen … und Sie müssen bereit sein, Gefühle zu haben, bevor Sie

Gefühle fühlen können.« (Stephen Wolinsky, *Das Tao des Chaos*)

Wolinsky, Begründer der Quantenpsychologie, hat ein Behandlungskonzept entwickelt, um mit seiner Art der Therapie unsere Konzepte sichtbar zu machen und zu entprogrammieren. Damit ist gemeint, Gefühle und das, was wir meinen, was wir sind, wie Schalen einer Zwiebel abzuschälen, bis wir am Grund unseres Seins ankommen. Er zeigt einen Weg auf, um selbst Trance-Fixationen (den Glauben daran, dass es so ist, wie wir meinen, dass es sei) zu lösen, zumindest ein Bewusstsein dafür zu schaffen. Wolinsky spricht von der Bereitschaft, Gefühle anzuerkennen, sie zu haben, sich dann von den Bedeutungszuweisungen der Gefühle zu lösen, um schließlich Gefühle als Energie zu sehen, die wir haben, aber nicht sind.

Gerade in unseren Beziehungen haben wir die Chance, über den Weg der Erkenntnis und Liebe heil zu werden. Fragen Sie sich: Was fehlt mir? Was brauche ich in meiner Beziehung? Was tut mir gut? Über diese Fragen kann jeder Mensch die für ihn und seinen Partner richtigen Antworten finden. Zumindest lernt er, was er nicht will. Damit ist das Eis gebrochen. Wenn klar ist, dass die Beziehung sonst kaputtgeht, könnte das die Motivation sein zuzuhören, damit anzufangen, eine wirkliche Partnerschaft einzugehen oder, wenn dies nicht mehr möglich ist, sich in Liebe zu trennen.

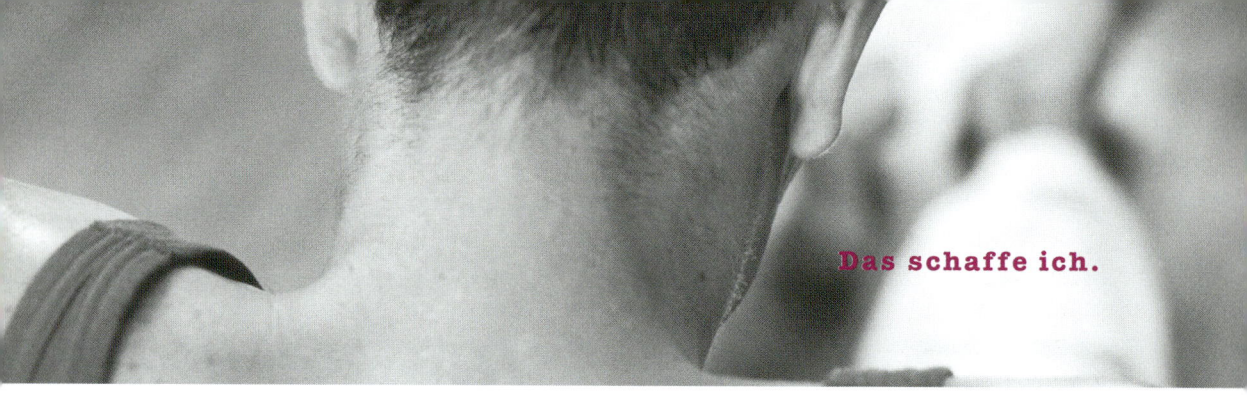

Das schaffe ich.

Physische Gesundheit

Ein erfolgreicher Heilpraktiker sagt: »Achten Sie auf Ihre Krankheiten, was Ihr Körper damit ausdrücken will, welche Symbolik damit verbunden ist. Achten Sie besonders auf Ihren Stuhlgang. Oft ist Verstopfung oder Durchfall ein deutlicher Hilferuf Ihres Körpers: ›Ich kann nicht loslassen oder nicht halten, was in mir ist‹.«

In diversen Büchern und anderen Medien weist der Arzt Dr. Rüdiger Dahlke darauf hin, wie hilfreich die Beschäftigung mit möglichen Hintergründen meiner Leiden ist. Damit beginne ich Verantwortung für das, was mir geschieht, zu übernehmen und gebe diese Verantwortung nicht an einen Medizinmann ab, nach dem Motto: »Der wird es schon richten.« Ich beginne, mir selbst Gedanken zu machen, was für mich stimmt, was meine Krankheit mir bedeuten könnte. Damit will ich sie nicht nur loswerden.

Das ist kein Ersatz für praktische ärztliche Hilfe, doch diese Hilfe wird erst tief wirken können, wenn ich die Krankheit als Teil von mir sehe und nicht als etwas, was ich schnellstens wieder weghaben will. Das ist vielfach die Reaktion: »Schnell weg damit.« Ist ja auch klar, wenn ich große Schmerzen habe, will ich diese möglichst schnell los werden. Die Chance, wirklich heil zu werden, habe ich, wenn ich die Erkrankung nicht als lästige Behinderung anschaue, sondern als Hinweis: »Mein Körper gibt mir eine Warnung: Vorsicht! Kümmere dich, an dieser Stelle, um mich!« Das ist ein Erfolg versprechender Weg, der natürlich den Arzt oder Heilpraktiker nicht ersetzt. Sinn und Zweck ist es, meine Verantwortung für meine Gesundung zu mir zu nehmen und natürlich die Erfahrung der Spezialisten zu nutzen. So könnte ich die Gefahr einschränken, ein Spielball der Medizin zu sein.

Familienaufstellungen

Familienaufstellungen sind kein Wundermittel und kein Teufelszeug. Beide Interpretationen werden zur Zeit hoch gehandelt und sind schlicht falsch. Aufstellungen sind ein Simulationsverfahren. Sie bilden das Familiensystem des Aufstellenden ab. Es werden Situationen und Systeme rekonstruiert, indem Stellvertreter für wichtige Personen und Elemente stehen.

Menschen folgen Mustern und Vorstellungen von Regeln. Jedes Familiensystem hat seine eigene Geschichte. Die Vorgeschichte des Systems wirkt auf die handelnden Personen – selten bewusst und doch mit starkem Einfluss. Aufstellungen zeigen vor allem dem, der das Anliegen hat, was ihn unterstützt und was nicht. Die Familienaufstellung ist hilfreich, um Verstrickungen in Beziehungen sichtbar zu machen und Lösendes wahrzunehmen. Es wird deutlich, dass der Ansatz der Schuldzuweisung nichts bringt, dass wir oft unbewusst handeln, geführt und geleitet von einer tieferen Kraft, die über viele Generationen hinweg nach Ausgleich strebt. Der Raum für Aufstellungen beschränkt sich auf das direkte Anliegen des Fragestellers. Dies schließt eine Einmischung in fremde Belange aus.

In der Aufstellung hat der Betroffene die Möglichkeit, seine eigene Situation, gewissermaßen von außen, anzusehen. Weiter ermöglicht das »sich dem zu stellen, was ist« eine neue Sicht auf die eigene Situation. So kommt derjenige, der eine Lösung sucht, in die glückliche Lage, sich nicht auf die Interpretationen des Experten, Beraters, Therapeuten verlassen zu müssen. Er/sie kann selbst eigene Heilungskräfte aktivieren und Lösungsideen auf ihre Wirksamkeit prüfen, Situationen klären, Impulse für eigenes Handeln finden.

Wir haben die Möglichkeit zu spüren, wie wir von den Generationen, die hinter uns liegen, in Dienst genommen werden, wenn es darum geht, Unrecht zu sehen, Ausgegrenzte einzubeziehen, schweres Leid zu heilen, Gleichgewicht zu geben. Was auf uns wirkt, ohne dass wir es sehen, wird durch das Anschauen dessen, was ist, die so genannte »phänomenologische Sichtweise«, spürbar.

**Probleme sind oft schnell,
Lösungen oft langsam.**

Es hilft uns, die Verbindung zu unseren Eltern wiederherzustellen. Den Vater und die Kraft der Männer, meiner Ahnen, hinter mir zu spüren. Sie in einer Reihe hinter mir stehen zu sehen. Das bringt mich in meine Kraft als Mann. Es hilft, mir dieses Bild vorzustellen und als Bild der Kraft in mir zu tragen.

Es hilft, diese Reihe, so wir Kinder haben, nach vorne fortzusetzen und meinen Sohn vor mir stehen zu sehen und auch die darauf folgenden Söhne. Manche Indianerstämme sehen sieben Generationen vor sich und sieben Generationen hinter sich, um sich eingebunden zu fühlen. Sie handeln in Achtung derer, die vor ihnen waren, und in Vorsicht für die, die nach ihnen kommen.

Als Frau hilft mir, die Verbindung mit meiner Mutter zu spüren; meine Mutter unterstützend mit all ihrer Kraft hinter mir zu wissen. Mit all ihrer Kraft, die sie aus den hinter ihr stehenden Müttern erfährt, wie eine »Frauentankstelle« stehen sie hinter mir. »Wir sind starke Frauen«, und ich spüre, wie ich in meine Kraft komme.

Hinter Ihnen steht Ihre Mutter, dahinter steht deren Mutter, Ihre Großmutter, dahinter deren Mutter und so fort. Vor Ihnen steht Ihre Tochter, so Sie Kinder haben, vor Ihrer Tochter deren Tochter, also Ihre Enkelinnen und so weiter bis zur siebten Generation. (Literaturhinweis: Maja Storch, *Die Sehnsucht der starken Frau nach dem starken Mann,* darin das Kapitel: »Die Entwicklung des inneren starken Mädchens zur inneren starken Frau«)

Nehmen Sie dieses Bild zu sich und wenn Sie die Gelegenheit haben, machen Sie eine Familienaufstellung bei einem qualifizierten Therapeuten, um es selbst eindrücklich zu spüren und damit innere Bilder zu schaffen, die aus dem eigenen Erleben stammen und so jederzeit abrufbar sind, wenn Sie Stärkung brauchen. Ich behaupte, mindestens die Hälfte unserer Zeitgenossen sind in dieser Beziehung »unterernährt« und haben brennenden Bedarf, die gute Kraft von Vater und Mutter hinter sich stärkend zu spüren.

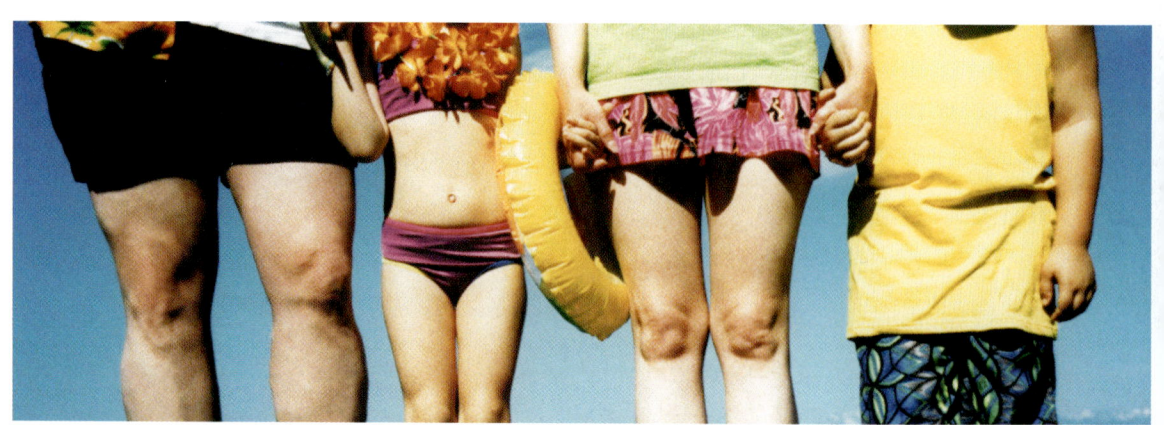

Weil es war,
hilft nur
das Akzeptieren.

Vom Warum zum Wozu

Wir werden uns immer wieder nach dem »Warum?« fragen. Warum haben wir uns getrennt, warum hat es nicht geklappt, warum ist es so und nicht anders gekommen? Wir werden es nie verstehen.

Wir werden es nie mehr ändern, das, was geschehen ist. Es war. Und weil es war, hilft nur das Akzeptieren. Die Frage nach dem »Warum« setzt die Annahme voraus, es gäbe eine Ursache für das, was in meiner Beziehung geschehen ist. Das stimmt bei einer Glühbirne, die durchgebrannt ist. Bei unseren Beziehungen ist die Annahme irreführend, es gäbe einen Grund, den wir nur finden müssen, dann läuft alles wieder wie geschmiert. Dieses Denken geht von der Annahme aus, wir hätten diese Entwicklung verhindern können. Es geht davon aus, dass wir Beziehungen im Griff haben können.

Es hilft die Vision, wie es sein könnte, die Hoffnung, den guten Weg für alle zu finden.

Es geschieht uns Schicksal, es passiert uns Unvorhergesehenes. Ein intelligenter Umgang mit dem, was mir passiert ist: es zu nehmen und das Beste daraus zu machen. Nicht warum, sondern wozu.

Ein hilfreicher Ansatz ist, sich vorzustellen, es bleibt alles, wie es ist. Es gibt keine Änderung. Es wird mir niemand helfen, ich kann mir nicht helfen, es ist aussichtslos, irgendetwas zu ändern. Alles wird so bleiben. Nichts wird anders. Prüfen Sie, wie sich das anfühlt für Sie: Wollen Sie, dass alles so bleibt, oder wollen Sie Änderung?

Achten Sie auf Ihre Kommunikation, wie Sie miteinander reden, umgehen. Hören Sie zu, was Ihr Partner sagt. Stellen Sie sicher, dass Ihnen zugehört wird. Seien Sie wahrhaftig mit dem, was Sie sagen und denken. Geben Sie keine zweideutigen Botschaften. »Ja, das tue ich. (Aber eigentlich bin ich jetzt schon sicher, dass ich es nicht tun werde ...)«

Ihr Partner kennt Sie besser, als Sie erwarten. Auch ohne dass ihm das bewusst ist, spürt der Partner, wann Sie spielen und wann es ernst ist. In entscheidenden Situationen wie dieser, wo es um Frieden oder Krieg geht, ist es wichtig, mit offenen Karten zu spielen. Fangen Sie zuerst damit an. Auch auf die Gefahr hin, einen ersten Schritt »ohne Deckung« zu machen. Alles andere sind Umwege, die zur Wiederholung oder zum Austausch im Unguten zwingen.

Spielen Sie mit offenen Karten.

Praxis der Liebe

Erich Fromm gibt in seinem Werk *Die Kunst des Liebens* vier Voraussetzungen an, die für die »Praxis der Liebe« wie auch zur Ausübung jeder anderen Kunst unerlässlich sind:

Disziplin, Konzentration, Geduld, Wichtigkeit.

Für Trennung in Liebe bedeutet das: Ist es mir so sehr wichtig, den bestehenden Zustand zu ändern, dass ich bereit bin, mein Leben zu verändern? Ich nehme mir die Geduld für mich und die Beteiligten, um diese wichtigen Schritte gut zu gehen. Die nötige Zeit gönne ich mir und den anderen. Ich bin bereit, Ruhe zuzulassen, hinzuschauen und den drängenden Fragen in meinem Leben nicht mehr auszuweichen. Ich bin bereit, mich auf mein Leben zu konzentrieren und Ablenkungen anzuschauen. Ablenkungen sind Tätigkeiten, die mich nur beschäftigen. Ich habe die Disziplin, die von mir gesteckten Ziele zu erreichen.

Zeitvertreib vertreibt meine freie Zeit. Nach ein bis zwei Tagen erinnere ich mich nicht mehr, welche Sendungen ich im Fernsehen angesehen habe. Was ich gesprochen habe, wie viel ich geraucht habe. Es ist die Balance zwischen dem wohlverdienten Ausspannen nach getaner Arbeit und dem Sichzuschütten mit Schicksalen anderer. Jeder soll nach seiner Fasson glücklich werden. Es geht darum, was ich ändern kann, wenn ich nicht glücklich bin. Wenn ich ändern will, Ziele erreichen will, brauche ich Disziplin, Konzentration, Geduld, und das Vorhaben muss mir wichtig sein. Ich kann mein Bestes dazutun, dann kann ich es nehmen, wie es kommt.

Der Psychotherapeut Milton H. Erickson wuchs auf einem Bauernhof auf. Eines Tages kam ein Pferd angelaufen, ohne Brandzeichen. Alle fragten sich, woher das Pferd wohl kommen möge. Erickson sagte: »Ich bringe das Pferd heim.« Er setzte sich darauf und lenkte das Pferd auf die Straße hin. Jedes Mal, wenn das Pferd zum Grasen auf die Weide ging, lenkte er es wieder zurück auf den Weg. Nach einigen Meilen kam er an einen Hof. Der Bauer fragte ihn: »Woher wusstest du, dass es unser Pferd ist?« Erickson sagte: »Ich wusste es nicht, das Pferd wusste, wohin es zu laufen hat. Ich habe nur dafür gesorgt, dass es nach dem Grasen wieder zurück auf den Weg ging.«

Wir sind Pferd und Reiter in einem. Es könnte darum gehen, dass wir unseren Weg weitergehen und das Grasen zwischendurch nicht vergessen. Die Mischung macht's.

Gefühle sind
flüchtig.

Einen Unterschied machen

In ihrem Film *Das Geheimnis* entwickelt Virginie Wagon auf mitfühlende Weise die Zerrissenheit zwischen zerbrechlichem Abenteuer und familiärer Geborgenheit: einerseits der Wunsch nach einer ruhigen, familiären, glücklichen Beziehung, andererseits das Verlangen nach hingebungsvoller Liebe. Wie im richtigen Leben gibt es hierauf nicht die eine Antwort, wenn das moralische Diktat außen vor bleibt. Jeder Mensch, jedes Paar kann nur seinen eigenen Weg finden. Es gibt nicht die eine, richtige Entscheidung. Ausschlaggebend ist der Wunsch »Ich möchte etwas ändern« oder aber die ehrliche Überzeugung »Ich finde alles gut, so wie es ist ...«.

Vielleicht ist es nötig zu verzichten, anzuerkennen, dass ich nicht alles haben kann. Schon gar nicht auf Kosten von anderen.

Besonders in der bestehenden Beziehung ist einen »Unterschied machen« eine effektive Maßnahme, um auf neue Gleise zu kommen. Einen Unterschied zu dem zu machen, was ich bisher getan habe und was mehr vom selben gebracht hat. Einen Unterschied machen ist ganz einfach: War mein/unser bisheriges Verhalten eher unveränderlich, d.h. immer gleiche Tagesabläufe, immer gleiche Gewohnheiten, dann liegt der Unterschied hierin, etwas anders zu machen. Beispiel: Jeden Abend Heimkommen vom Job, Essen, Fernsehen, ins Bett gehen ... Dann bringe ich diesmal ein Spiel mit oder Kinokarten oder ein Buch oder den Vorschlag zu einer Aktivität. Gehen wir jeden Abend weg und leben ständig Veränderung, ist der Unterschied, es sich besonders gemütlich zu Hause zu machen. Die Widerstände gegen diese Veränderung erzeugen oft das Argument »Es bringt ja doch nichts ...«, Trägheit oder Resignation: »Und das soll unsere Partnerschaft verändern?« Das heißt im Klartext: »Ich will nichts ändern ...« Es ist einen Versuch wert. Machen Sie einen Unterschied..

Jeder Mensch, jedes Paar kann nur seinen eigenen Weg finden.

Einen Unterschied machen wäre auch, die eigenen Denkgewohnheiten zu beobachten. Sehen Sie sich selbst in einem Dialog zwischen sich und dem anderen Menschen. Wenn Sie nur einen Moment erkennen: Das bin ich selbst, der diese Sicht produziert, das ist nicht die so genannte »objektive Wirklichkeit«, dann wird aus dem allgemeinen Urteil: »Das ist so ...!« der Satz: »Ich sehe das so ...!« Dann entsteht eine gleichwertige Gesprächsebene, die ein freies Zwiegespräch ermöglicht.

Nähe und Distanz

Ein gutes Umgehen mit Nähe und Distanz ist eine besondere Hilfe in der Partnerschaft, während und nach der Trennung und auch als Basis einer neuen Liebe: der stimmige Wechsel von Nähe und Distanz. Gemeint ist, dass jedes Paar sein passendes Maß an Nähe und Entfernung finden und aushandeln kann. Dieses im Moment passende Maß schwankt immer wieder von innigster Nähe bis zu großer Entfernung. Je nach den Bedürfnissen, die beide haben.

In der ersten Verliebtheit ist der Wunsch, sich immer und überall nahe zu sein, überwältigend. Diese Verliebtheit verführt, da sie einen Zustand verspricht, der nicht von Dauer ist.

Die Nähe, die wir im Verliebtsein suchen, wird uns später wie Enge vorkommen. Abstand und Distanz schaffen dann wieder den Wunsch, sich nahe zu sein. Für eine neue Beziehung nach der Trennung scheint hier besonders viel Aufmerksamkeit nötig. Es sind nicht nur die Wünsche nach Nähe der beiden neuen Partner zu betrachten. Auch die vorherigen Partner, deren Kinder, die Kinder der neuen Partner spielen eine gewichtige Rolle.

Für ein neu verliebtes Paar, das keine Kinder zusammen hat, aber Kinder aus der vorherigen Beziehung mitbringt, zahlt sich die Überlegung aus, ob sie wirklich sofort zusammenziehen wollen. Sie laufen Gefahr, in Kürze wieder vor denselben Schwierigkeiten zu stehen wie in der vorherigen Familie. Die möglichen Spannungen, Loyalitätskonflikte der Kinder kommen dazu.

Mit Nähe und Distanz gut umzugehen bedeutet, sich von vorneherein auf das individuell stimmige Maß an Nähe und Distanz einzustellen. Sich darüber im Klaren zu sein, dass jeder ein wechselndes Bedürfnis nach Nähe und Abstand hat. Darauf zu achten, wer zu wem zieht.

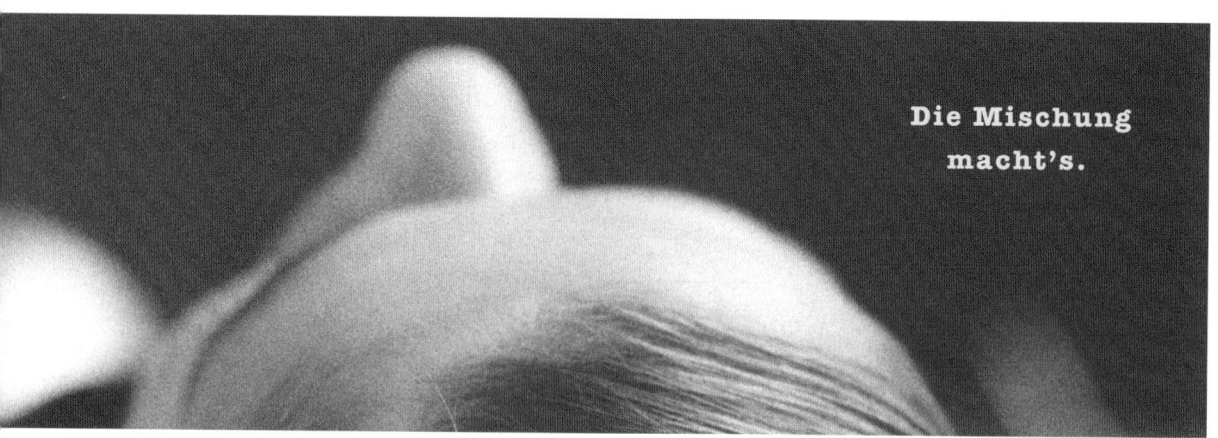

Die Mischung macht's.

In Aufstellungen zeigt es sich manchmal, dass Männer nicht in ihre Kraft kommen, wenn sie in die Wohnung der Frau einziehen. Für Frauen scheint dies nicht so bedeutsam zu sein, wenn sie zum Mann ziehen. Diese Frage kann für Sie auch nicht von Belang sein. Es ist bei jedem Paar anders.

Wichtig ist, wie mit den vorherigen Partnern umgegangen wird, welche innere Haltung sich in Kleinigkeiten ausdrückt. Ist es möglich, den Expartner meiner neuen Liebe zu sehen, anzuerkennen und auch zu würdigen, als den Menschen, der vor mir da war? Oft ist Zeit nötig, damit ein vorurteilsfreieres Treffen mit den ersten Partnern zustande kommt.

Kinder haben die Möglichkeit, verschiedene Umgangsweisen mit Situationen zu erleben: Mein Vater würde in dieser Situation so reagieren ... Der neue Partner meiner Mutter reagiert so und so. Wenn der nicht anwesende Vater oder die abwesende Mutter im Kind dadurch Achtung erfährt, dass sein/ihr Verhalten als vielleicht anders, aber gleichwertig angesehen wird, ist eine Basis für ein gutes Gelingen gegeben. Das erfordert Arbeit an sich und den Willen zur Toleranz.

Eine bekannte Autorin sagt auf die Frage »Was ist Ihr Geheimnis für 29 Jahre Ehe?«: »Wir hatten das Glück, immer wieder das richtige Maß an Nähe und Distanz zu finden. Heute leisten wir uns den Luxus von zwei Wohnungen.«

Jeder soll nach seiner Fasson glücklich werden.

Vertrag zur »Trennung in Liebe«

Die beiden hier folgenden Verträge können Trennungsfähigkeit im Sinne von Trennung in Liebe unterstützen. Sie sind die Umsetzung des bisher Gesagten ins Konkrete. Die Beziehungsebene bestimmt die Inhaltsebene. Mit Beziehungsebene ist gemeint, dass der Umgang miteinander von dem bestimmt wird, was die Partner früher miteinander erlebten oder was sie davon für wahr halten.

Sie schauen auf Ihre gemeinsamen Jahre. Erinnerungen, Gedanken, Gefühle – was nehmen Sie wahr? Was halten Sie für wahr?

Richten Sie sich klar aus auf Ihr Ziel: Trennung in Liebe.

Besonders in der speziellen, aufgewühlten Situation einer Scheidung sind Menschen von ihren Gefühlen oft wie paralysiert. Dieses Buch will ein »Geländer« aus verschiedensten Vorschlägen anbieten, wie es stattdessen auch sein könnte. Die Lösungsvereinbarungen I und II sind die Essenz dessen.

Diese beiden Verträge haben keine juristische Relevanz wie etwa eine notarielle Scheidungsurkunde. Es ist auf jeden Fall zusätzlich erforderlich, durch z.B. Mediation beziehungsweise Rechtsanwalt und Notar die rechtlich geforderte Form für eine richterliche Scheidung einer geschlossenen Ehe zu erwirken.

Mediation –
Das »Harvard-Konzept«

Das »Harvard-Konzept« bietet beeindruckende Möglichkeiten der Konfliktlösung, die besonders für die Partnerbeziehung geeignet sind. Es wurde entwickelt aus dem Wunsch heraus, nie mehr eine Konfrontationssituation wie die der Kubakrise entstehen zu lassen, in der uns die beiden Verhandler Kennedy und Chruschtschow und deren Berater durch Starrsinn an den Rand eines Atomkriegs brachten. Aus dem »Harvard-Konzept« entwickelte sich die heutige Form der Mediation.

Neue Wege statt Wut und Bitterkeit! Am Beginn der Familienmediation stand die Unzufriedenheit mit der Praxis des bestehenden Scheidungsrechts. Viele Anwälte und Richter machten die Erfahrung, dass ein Familienrechtsprozess die Kluft zwischen den Partnern noch vergrößern kann. Familienmediation ist eine sachbezogene Verhandlungstechnik. Mediation kann ermöglichen, dass zwei zerstrittene Parteien angemessen miteinander reden können. Mediation sucht die Lösung für alle Beteiligten. Einer der Eckpfeiler der Mediation ist es, nicht Meinungen oder Standpunkte in das Zentrum des Gesprächs zu stellen, sondern die gemeinsamen Interessen. Gemeinsame Interessen sind geeignet, wenn sie ernst gemeint sind. Wenn sie für beide Parteien einen wichtigen Grund darstellen, über eine Erneuerung der Partnerschaft nachzudenken oder zumindest nach einer gemeinsamen Trennungslösung zu suchen.

Gewalt oder Streit in Beziehungen entsteht nicht von selbst, sondern hat oft weit zurückliegende Ursachen. Wenn die eine Partei behauptet, Gras ist blau, und die andere Partei sagt, Gras ist grün, ist der Streit vorprogrammiert. Weil beide darauf beharren, Recht zu haben. Aufgabe des Streitschlichters, des Mediators, ist es, eine neutrale Haltung einzunehmen.

Wichtige Streitschlichtungs- und Mediationsregeln sind: Konflikte sind ein unvermeidbarer Teil menschlichen Zusammenlebens. Wir sind beide freiwillig da, um eine Lösung zu finden. Wir wollen für den Streit, den wir haben, eine Lösung finden und wir erwarten nicht, dass der Mediator diese Lösung für uns findet. Der Mediator ist völlig neutral und unparteiisch und hält zu keiner Partei.

Vereinbarung über die Spielregeln während der Mediation: Wir beschimpfen uns nie; wir lassen uns gegenseitig ausreden; wir schlagen uns nicht; wir sind ehrlich; alles Gesagte ist vertraulich und bleibt nur bei uns. Keiner von uns spricht über das hier Gesagte mit Dritten.

Diese Regeln gelten für alle Beteiligten.

Überlegen Sie es sich BEIDE sehr gut, ob fremde Rechtshilfe in dieser sensiblen Situation wirklich nötig ist.

Gemeinsame Lösungen finden hat zum Ziel, Vorteile für alle zu finden. Nur so kann verhindert werden, dass sich aus den zu erwartenden Streitigkeiten oder aus den schon gewesenen Schwierigkeiten Sprengstoff entzündet, der alles zerstört. Das wird zwar später oft bereut, aber ist nur noch schwer gut zu machen.

Ein Mediator ist ein neutraler Vermittler, kein Richter, der am Ende ein Urteil fällt. Er sucht mit beiden Parteien oder allen Beteiligten nach einem gangbaren Weg. Mediation ist Hilfe zum respektvollen Handeln und neutrale Vermittlung. Es gibt keinen Gewinner, keinen Verlierer. Es kann eine gemeinsame Vereinbarung geben. Alle Entscheidungen sind freiwillig, jeder kann immer den Verhandlungstisch verlassen. Mediation ist an der einvernehmlichen Lösung der Situation, in die die Parteien geraten sind, interessiert. Zuerst werden die vordringlichen Schwierigkeiten gelöst, z.B. ein guter Platz für die Kinder. Darin sind sich beide Partner oft einig, dass ihre Kinder nicht unter einer Scheidung leiden sollen.

Mediation hat gute »Umgangsformen« entwickelt für die häufigste Situation in Partnerschaften: Ein Partner will sich trennen, der andere möchte eine erneute Annäherung oder eine Fortsetzung der Ehe.

Ehepartner sind zuallererst Menschen. Menschen lassen sich von Gefühlen leiten und von Grundüberzeugungen. Sie vertreten unterschiedliche Ansichten, haben unterschiedliche Interessen. Missverständnisse in der Kommunikation provozieren Vorurteile und unerwartete Reaktionen. Der Hauptantrieb für die Verhandlungen sind oft die eigenen sachlichen Interessen. Darüber hinaus gibt es jedoch ein profundes Interesse an der Beziehung zum Gegenüber. In Familien, und hier besonders bei Scheidungen, hat sich gezeigt, dass die langfristige Beziehung zu den Familienmitgliedern weit wichtiger ist als das sachliche Einzelergebnis!

Es sind ein paar Fallstricke zu beachten: Einer ist unsere gewohnheitsmäßige Vermischung von Mensch und Problem. Trennen Sie persönliche Beziehung und sachliche Auseinandersetzung. Mediator/innen weisen darauf hin, wo gerade Menschen und Probleme in einen Topf geraten sind.

Sollten wir mit harten Bandagen oder eher sehr nachgiebig unsere Differenzen aushandeln? Ich bin der Meinung, weder noch. Ändern Sie Ihr Spiel! Orientieren Sie sich an den Inhalten, an der Lage der Dinge. Stellen Sie Interessen in den Mittelpunkt, nicht Positionen. Setzen Sie auf ein vernünftiges Ergebnis, das auf nachvollziehbaren Tatsachen beruht.

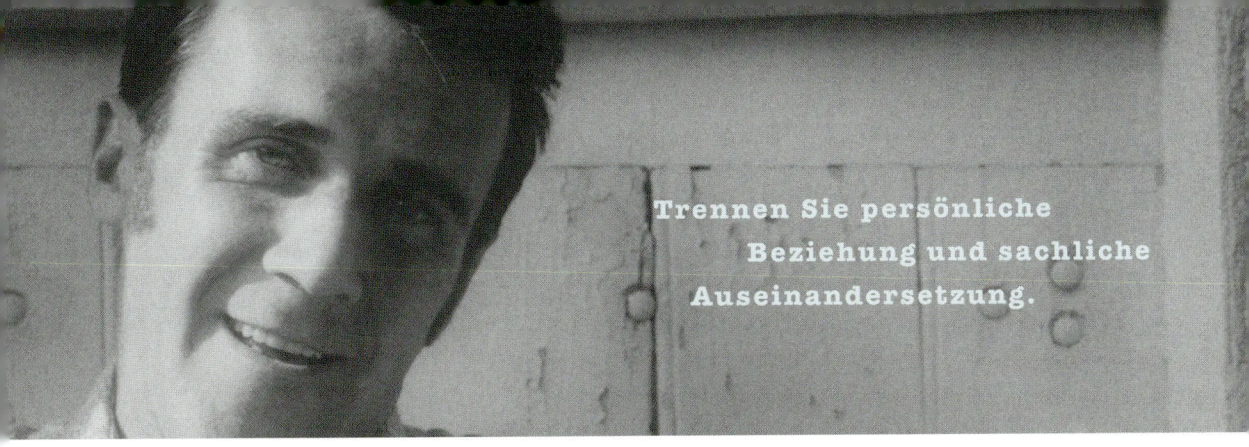

Vertrag I
geht auf die Inhaltsebene ein

Inhaltsebene sind in diesem Zusammenhang die juristisch klaren Fakten. Argumente auf dieser Ebene sind z.B.: »Das Auto habe ich von meinem Geld gekauft, das möchte ich haben.« »Die Truhe ist von meiner Großmutter, die möchte ich haben.« Diese so genannten harten Fakten wären an sich klar zu regeln. Ob dies jedoch so ist, bestimmt die Art der Beziehung unter den Partnern zum Zeitpunkt der Trennung.

Herrscht eine eher wohlwollende Beziehung zwischen den Trennungswilligen, ist die Verteilung des gemeinsamen Hausstandes leicht. Herrscht in einer Beziehung Streit, überschattet diese Beziehung die inhaltlichen Themen so sehr, dass nur mit der Zeit eine gute Lösung zu finden ist.

Das erklärt zu einem Teil die vielen oft sinnlosen Balgereien, die Expartner vor und mit Anwälten veranstalten. Anwälte, die ihren Klienten manchmal darin bestärken, »draufzuhauen«. Oft ist es gar nicht nötig, Verbündete um sich zu scharen, um in den Krieg zu ziehen. Bevor ein Partner das tut, sollte das reiflich überlegt werden. Die Folgen: Der Streit darum, wer Recht bekommt, ist meist nicht mehr aufzuhalten.

Von außen betrachtet sind das sinnlose Streitigkeiten. »Das lass ich mir nicht mehr gefallen.« »Das geht zu weit.« »Das bringt das Fass zum Überlaufen.« Die Partner reagieren mit dem Willen, dem anderen zu schaden, um damit vielleicht eigenen Schaden aufzuwiegen. Schaden werden Sie auf diesem Weg dem anderen und sich.

Vertrag II
geht auf die Beziehungsebene ein

Die Beziehungsebene bleibt bei Trennung/Scheidung den Partnern überlassen, da Rechtsprechung nur auf die inhaltliche, sachliche Ebene eingeht. Der Vertragsentwurf II bezieht sich auf die zwischenmenschliche Ebene der Partner und soll dort einen guten Boden schaffen helfen, um die sachlichen Themen in einer einander gewogenen Atmosphäre abhandeln zu können.

Die sachlichen Themen (wie gemeinsames elterliches Sorgerecht, Rechtsverhältnisse der Ehewohnung, Umgang mit gemeinsamem Hausrat, Kindesunterhalt, Ehegattenunterhalt, Zugewinnausgleich und Vermögensauseinandersetzung, Versorgungsausgleich, Ausgleichszahlungen, spezielle Vereinbarung und Kostenübernahme der Scheidungskosten sowie Vertragsvorbereitung für den Notarvertrag) sind nach Erfahrung des Autors bei Mediatoren in besten Händen. Rechtsanwälte mit einer entsprechenden Einstellung, die beiden Partnersichtweisen Rechnung tragen, können den guten Dienst leisten, mehr zu erlösen als zu erstreiten. (Literaturtipp: John M. Haynes, *Scheidung ohne Verlierer*)

Letztlich sind nicht die Mediatoren, Rechtsanwälte, Notare oder Richter entscheidend dafür, wie die Scheidung oder Trennung abläuft. Entscheidend ist, mit welcher »inneren Haltung« wir an die Auseinandersetzung mit Trennung gehen. Ob im Sinne von Vergeltung abgerechnet werden soll und noch muss. Auch das ist manchmal nötig, um einen Ausgleich zu schaffen. Etwas weniger vom Schadenden zurückzugeben, könnte helfen.

Ob noch abzurechnen ist oder ob es gut sein darf und ich es dabei lassen kann, entscheidet jeder selbst. Irrtum vorbehalten.

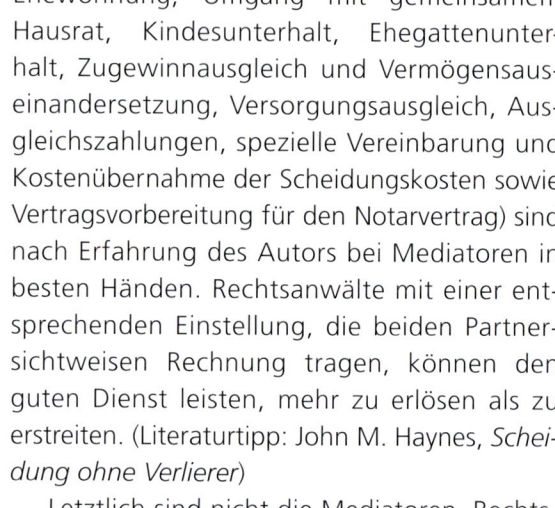

**Sie sind selbst
Ihr bester Anwalt.**

Entscheidend ist, mit welcher
»inneren Haltung«
wir an unsere Trennung herangehen.
Soll es Krieg geben
oder darf es auch gütlich sein?

UNSERE LÖSUNGSVEREINBARUNG TEIL I

Zur Art und Weise der Abwicklung der Trennung

Dies ist der Vertrag zum Beginn der Lösung unserer Partnersituation

Vertrag zwischen:

_____

und

_____

Dieser Vertrag beschreibt den sachlichen Inhalt und die sachliche Abwicklung von Verknüpfungen aus unserer Partnerschaft. Wenn wir uns entscheiden, die Streitigkeiten, die wir haben, zu klären und friedlich miteinander zu lösen, helfen diese Vereinbarungen.

1. Wir wollen fair miteinander umgehen.

2. Die Frage »Wer war schuld?« hilft uns nicht weiter, deshalb lassen wir diese Frage weg.

3. Wir wollen eine gute Lösung für alle. Deshalb ist es wichtig, Klarheit zu schaffen. Bei Dingen, die wir allein nicht klären können, weil wir uns darüber zu sehr ärgern, sind wir bereit, eine/n Vermittler/in (z.B. Mediator/in) einzuschalten. Diese Person wird von uns beiden ausgewählt und akzeptiert.

4. Wir berücksichtigen bei der Aufteilung der Sachwerte, was jeder von uns davon eingebracht hat und während unserer gemeinsamen Zeit dafür getan hat. Wir suchen einen gemeinsamen Weg, bei der evtl. Auflösung der Sachwerte einen größtmöglichen Nutzen für jeden von uns zu erzielen.

5. Wir sind bereit, Vermögenswerte weder zu übertragen, zu sperren, zu verheimlichen noch anderweitig zu verwenden. Hiervon ausgenommen sind die Mittel für den täglichen Lebensunterhalt im Rahmen der bisherigen Höhe, diese dürfen wie bisher verwendet werden.

6. Gemeinsame Konten/Kreditkarten, für die wir beide gemeinsam haften, werden wir nicht weiter belasten, es sei denn in gegenseitigem Einverständnis.

7. Wenn es nötig ist, werden wir nur im Beisein des Vermittlers oder Mediators über Streitfragen reden.

8. Wir sind bereit, die finanzielle Lage voll aufzudecken und alles hilfreiche Material zu liefern.

9. Wir haben diesen Weg für unsere Trennung gewählt, weil wir wissen, dass nicht einer allein die Last der Trennung tragen soll und kann.

10. Wir wollen einvernehmlich eine Lösungsvereinbarung treffen. Wir wissen, dass diese Lösungsvereinbarung in vielen Punkten nicht den Regelungen entspricht, die häufig von Rechtsanwälten und ihren Mandanten ausgehandelt oder vor Gericht erstritten werden.

_____

Datum

_____   _____

Unterschrift   *Unterschrift*

UNSERE LÖSUNGSVEREINBARUNG TEIL II

Wie unsere Beziehung ist und werden kann

Mit diesem Vertrag wollen wir unsere Beziehung entspannen und Verstrickungen zu lösen beginnen.

(Bitte schicken Sie Ihren »Kopf« jetzt ein paar Minuten auf Urlaub. Lesen Sie diese Zeilen mit offenem, wohlwollenden Herzen. Tun Sie das nur für sich, ohne den Partner und die anderen direkt Beteiligten. Wenn Sie noch Zeit brauchen, um genug Wohlwollen zu finden, nehmen Sie sich diese Zeit!)

1. Gutes anerkennen

Ich erkenne an, dass das, was wir beide bisher erreicht haben, das Bestmögliche war, was unter den gegebenen Umständen von uns beiden zu erreichen war.

2. Gleichwertigkeit

Bei unserer Trennung sind wir beide gleichwertig. Wir geben negativen Eigenschaftszuschreibungen keinen Raum. Wir achten und respektieren uns gegenseitig.

3. Die gute Lösung ist in mir und in dir

Wir gehen davon aus, dass alle notwendigen Fähigkeiten für sinnvolle Lösungen in uns vorhanden sind. In Erinnerung an die Liebe, die uns zusammengeführt hat und die wir gemeinsam haben durften, erinnern wir uns auch an diese notwendigen Fähigkeiten, um aus dieser Liebe eine Freundschaft werden zu lassen.

4. Wir orientieren uns am Bestmöglichen für alle

Wir konzentrieren uns auf die bisher nicht genutzten Entwicklungsmöglichkeiten, die in jedem von uns stecken. Wir erkennen an, dass jeder nur so sein kann, wie es ihm auf Grund der Gepflogenheiten in seiner Familie und aufgrund seiner besonderen Lebensumstände möglich war. Wir halten es für möglich, aus einer Liebe eine Freundschaft zu schaffen.

5. Wege zur guten Lösung

Wir wollen beide eine gute Lösung unserer Partnersituation. Wir verzichten darauf zu beschreiben, was schlecht war und warum. Wir finden die gute Lösung für unsere Situation, indem wir achtungsvoll miteinander umgehen. Wir bemerken, dass gute Lösungen für alle Zeit brauchen. Wir halten in Ehren, was gut war. Wir geben zurück, was ungut war, und lassen es, wo es herkam. Wir wollen eine gute Zukunft für alle.

6. Absichtslosigkeit und Verzicht

Wir akzeptieren, dass jeder Mensch sich verändert und wir keinen Anspruch auf die Art der Veränderung des anderen haben. Ich bin bereit, unser Leben nach der Trennung aufzubauen auf Respekt und Anerkennung der Besonderheiten von mir und dir. Ich verzichte darauf, es besser zu wissen. Die gute Lösung braucht Zeit.

_____

Datum

_____   _____

Unterschrift   *Unterschrift*

Was dieses Buch kann und was nicht

Dieses Buch erhebt nicht den Anspruch auf vollständige Darlegung der Schwierigkeiten und aller Lösungsmöglichkeiten in Partnerschaften. Es ist in den angesprochenen Themen möglichst breit gefächert, um nicht schnelle, voreilige Antworten, die zum Nichthandeln verführen können, anzubieten. Es ist ein guter Beginn, um Partnerschaft neu zu begründen oder mit Trennung anders als bisher umzugehen.

Dieses Buch will ein Wegweiser sein, wie Trennung in Liebe gelebt werden kann. Es soll praktische Schritte zeigen, die in Richtung einer guten Lösung für alle gegangen werden können. Aber wie alle Wegweiser bleibt es am Rand des Weges stehen. Weitergehen im Sinne von Handeln kann nur jeder selbst.

Dieses Buch kann Ihnen nichts abnehmen. Es kann nichts weiter für Sie tun, als Ihnen zu zeigen, dass es Ihr Kosmos ist, in dem Sie leben und agieren. Es gibt den richtigen Zeitpunkt für Trennung in Liebe. Nur Sie und Ihr Partner spüren, wann es Zeit ist für Veränderungen. Das Schwierige ist, dass man es immer erst hinterher weiß, ob eine Beziehung wirklich zu Ende geht. Niemand kann Ihnen diesen Zeitpunkt vorher sagen. Aber wenn eine Beziehung in Frieden kommt, spielt die Abhängigkeit voneinander immer weniger eine Rolle. Dann tritt die einzelne Persönlichkeit in den Vordergrund – das ist ein Ziel und ein Zeichen von guten Beziehungen. Dann gibt es die Möglichkeit, dass sich beide Expartner, vielleicht auch durch Kinder verbunden, an einer mitmenschlichen Liebe orientieren, die das ehrt, was sie zusammen hatten.

Persönliches

Dieses Buch ist geschrieben von einem, der Trennung in Liebe erlebt hat und lebt. Was hier geschrieben steht, ist keine Theorie. Geschrieben ist es aus dem Erfahrenen heraus, ergänzt mit Zitaten von Profis zu den einzelnen Themen. Es ist nicht mein Verdienst, es ist ein Geschenk, Trennung und Partnerschaft so leben zu dürfen.

Dieses Buch entstand auch aus dem Wunsch heraus, einen Weg zu finden und mit dem schlechten Gewissen umzugehen, das sich bei mir breit gemacht hatte, als ich erkannte: »Ich habe es nicht geschafft. Es ist mir nicht gelungen. Ich habe das gelebt, was ich bei anderen verurteilt habe. Eine Beziehung soll doch für immer dauern. Aufgeben gibt es nicht, aufgeben kann jeder, durchhalten ist wichtig.«

Immer wieder beschlichen mich diese Gedanken. Immer wieder stellte ich in Frage. Es war mein eigenes schlechtes Gewissen, ich befürchtete ausgeschlossen zu werden, wenn ich nicht »pariere«. Um dieses schlechte Gewissen geht es auch in diesem Buch. Um die Auseinandersetzung mit diesem Gewissen.

Dieses Buch kann ein neuer Anfang sein, Beziehung wieder in Bezug zueinander zu bringen. Den Weg weitergehen kann jeder allein nach seinem Sinn. Unterstützung geben Workshops zu dem Thema (www.trennung-in-liebe.de) und Therapeuten in Ihrer Nähe. Das Gespräch mit Ihrem Partner soll das allererste sein.

Wir alle vereinen positive und negative Eigenschaften in uns. Je nach dem Zustand unserer Beziehung sind wir bereit, auf positive oder negative Seiten des Partners oder von uns selbst zu schauen.

Ich wünsche Ihnen beiden die Kraft zur guten Lösung!

Danksagung

Ich danke diesen Menschen für ihre Geduld, ihr Vertrauen, ihre Weisheit, ihr Lachen, ihre Liebe, ihre Wut, ihre Ungeduld, ihre Klarheit, ihren Mut, ihre Zähigkeit, ihr Festhalten, ihre Freude, ihr Sein mit mir: Heinz und Liselotte, Eleonore, Ines, Anna, Johannes, Gundi, Harald. Ich danke dem Kösel-Verlag, insbesondere Frau Dagmar Olzog, dass sie nicht locker gelassen hat, um diesem Thema Raum zu verschaffen, und Frau Heike Mayer für ihr klares, einfühlsames Lektorat.

Ich danke den Menschen, die mir ihre Geschichte anvertraut haben, für ihre große Offenheit und ihr Vertrauen. Ich danke meinen Eltern für mein Leben und diesen freien Glauben. Ich danke meiner Mutter und meinem Vater für ihre Liebe bis in den Tod. Ich danke Gott für alles.

Wenn die Liebe füreinander
das Brauchen übersteigt,
ist eine glückliche Partnerschaft
die Folge.

Kontaktadressen

»Prepare«

ist eine Art Inventur unserer Beziehung. Beide Partner werden getrennt voneinander befragt, danach werden die Antworten verglichen. So können Paare bereits vor oder nach der Eheschließung oder Begründung der Partnerschaft frühzeitig erkennen, an welchen Problemen ihre Beziehung leiden oder gar scheitern könnte. Entsprechende Hilfen, die Lösungen zu finden, werden danach angeboten. »Prepare« wurde in den USA entwickelt unter anderem von Professor David Olson, Universität Minnesota. »Prepare bietet ein Programm zur Vorbereitung auf die Ehe (prepare) oder zur Bereicherung und Verbesserung Ihrer Ehe (enrich).«
Kontakt: Andreas und Carol Bochmann
Tel.: 03342/24 76 76
www.prepare-enrich.de

**Die Evangelische Konferenz für Familien-
und Lebensberatung e.V.**

hat ein Verzeichnis für Ehe- und Lebensfragen herausgegeben. Kontakt: EKFuL, Dietrich Bonhoeffer Haus, Ziegelstr. 30, 10117 Berlin, Tel.: 030/28 30 39 27/28, Fax: 030/28 30 39 26
www.EKFuL.de

**EPL: »Ein Partnerschaftliches
Lernprogramm«**

Kommunikationstraining des Braunschweiger Psychologieprofessors Kurt Hahlweg und des Instituts für Forschung und Ausbildung in Kommunikationstherapie. »Das Geheimnis zufriedener Paare ist das Gespräch. Wünsche mitteilen, Meinungsverschiedenheiten klären. Wie Paare miteinander sprechen beeinflusst maßgeblich ihre Beziehung. Gut miteinander reden ist lernbar!« Eine Liste der Anbieter gibt es bei:

Arbeitsgemeinschaft katholischer Familienbildung, Mainzerstr. 47, 53179 Bonn, Tel.: 0228/37 18 77
www.akf-bonn.de/kommunikation.html

www.trennung-in-liebe.de

Oft haben Paare etwas Wichtiges verloren, ohne es bemerkt zu haben. Meist wird dann über Äußerliches gestritten, wo es doch um Inneres geht. Ein neutraler Beobachter kann Hinweise geben, wie es für beide gut weitergehen kann. Gespräche zum Thema Trennung in Liebe können Sie persönlich in München mit Mathias Voelchert vereinbaren. Das Ziel dieser Gespräche legen Sie fest. Es ist eine gute Idee, wenn beide Partner an diesen Gesprächen teilnehmen. Wenn Sie tiefer einsteigen möchten, nutzen Sie das Seminarangebot: Workshops/Kurse für Paare und auch nur für Männer. Zeiten/Orte finden Sie im Internet.

Mediatoren vermittelt unter anderem:

Bundesarbeitsgemeinschaft für
Familien-Mediation e.V.
Eisenacherstr. 1, 10777 Berlin, Tel.: 030/23 62 82 66
(Dienstags von 10 bis 17 Uhr), Fax: 030/214 17 57
www.bafm-mediation.de

Centrale für Mediation, Köln

Tel.: 0221/93 73 88 01
www.centralefuermediation.de

**IMS Institut für Mediation und
Scheidungsberatung**

Poing bei München, Tel./Fax: 08121/735 53
sowie in Dresden: 0351/452 14 96
www.mediation-ims.de

VAMV, Verband allein erziehender Mütter und Väter

Beethovenallee 7, 53173 Bonn, Tel.: 0228/35 29 95
E-Mail: vamv-bv@netcologne.de
www.vamv.de

Evangelisches Beratungszentrum München e.V.

Landwehrstr. 15 (Rgb), 80336 München
Tel.: 089/59 04 80
Dort ist ein Konzeptentwurf für ein kirchliches Trennungsritual erhältlich.

Initiative für bürgschaftsgeschädigte Frauen

Bülowstr. 71, 10783 Berlin, Tel: 030/25 79 81 98, Ansprechpartnerin Frau Annette Schmedt
Die Initiative gibt kompetenten Rat, wenn Frauen während der Partnerschaft Bürgschaften übernommen haben, die z.B. von der Geschäftsbank des Partners gefordert waren, und nun während der Trennung oder danach durch diese Bürgschaften in Schwierigkeiten geraten.

Der Kinderschutzbund

bietet für Kinder deutschlandweit Unterstützung bei Trennung und Scheidung an. Die zutreffende Anschrift für die nächstliegende der 420 Beratungsstellen in Deutschland finden Sie im Internet.
Deutscher Kinderschutzbund Bundesverband e.V.
Bundesgeschäftsstelle, Schiffgraben 29
30159 Hannover
Tel.: 0511/30 485-0, Fax: 0511/30 485-49
E-Mail: info@dksb.de
www.kinderschutzbund.de

Wir brauchen Visionen
für uns,
wie wir leben wollen,
und die Kraft,
sie zu leben.

Literaturverzeichnis und Bücher, Kassetten, Filme, die weiterhelfen

Bücher

Adamaszek, Rainer: *Familien-Biographik.* Carl-Auer-Systeme Verlag, Heidelberg 2001

Balsekar, Ramesh S.: *Erleuchtende Gespräche.* Alf Lüchow Verlag, Freiburg 1994

Balsekar, Ramesh S.: *Pointers.* J. Kamphausen Verlag, Bielefeld 1999

Baudrillard, Jean: *Transparenz des Bösen.* Merve Verlag, Berlin 1992

Beal, Edward W./Hochman Gloria: *Wenn Scheidungskinder erwachsen sind.* S. Fischer, Frankfurt/Main 1994

Biddulph, Steve: *Männer auf der Suche.* Beust Verlag, München 1996

Bly, Robert: *Eisenhans.* Kindler Verlag, München 1991

Bowlby, John: *Bindung.* Kindler Verlag, München 1975

Buber, Martin: *Der Weg des Menschen.* Gütersloher Verlagshaus, 1999

Cameron, Julia: *Der Weg des Künstlers.* Droemer Knaur, München 1996

Claude, AnShin Thomas: *Krieg beenden, Frieden leben.* Theseus Verlag, Berlin 2003

Diamond, John: *Der Körper lügt nicht.* VAK Verlag, Freiburg 1994

Franke-Gricksch: Marianne: *Du gehörst zu uns.* Carl-Auer-Systeme Verlag, Heidelberg 2002

Frankl, Viktor E.: *Das Leiden am sinnlosen Leben.* Herder, Freiburg 1991

Frankl, Viktor E.: *Was nicht in meinen Büchern steht.* Quintessenz, Medizin Verlag, München 1995

Fromm, Erich: *Vom Haben zum Sein, Wege und Irrwege der Selbsterfahrung.* Quadriga Verlag, Weinheim 1994

Fromm, Erich: *Die Kunst des Liebens.* Manesse, Zürich 1993

Fisher, Roger/Ury, William L./Patton, Bruce M.: *Das Harvard Konzept.* Campus Verlag, Frankfurt/Main 2000

Gaier, Otto R.: *Der Riss geht durch die Kinder.* Kösel, München 1987

Gambaroff, Marina: *Utopie der Treue.* Rowohlt, Reinbek 1984

Goleman, Daniel/Kaufman, Ray: *Kreativität entdecken.* dtv, München 2000

Gruen, Arno: *Der Verlust des Mitgefühls.* dtv, München 1997

Grof, Stanislav: *Das Abenteuer der Selbstentdeckung.* Rowohlt, Reinbek 1994

Haynes, John M./Bastine, Reiner/Link, Gabriele: *Scheidung ohne Verlierer. Familienmediation in der Praxis.* Kösel, München 2002

Hellinger, Bert: *Entlassen werden wir vollendet.* Kösel, München 2001

Hellinger, Bert: *Die Mitte fühlt sich leicht an.* Kösel, München 1996

Hellinger, Bert: *Finden was wirkt.* Kösel, München 1996

Hellinger, Bert: *Ordnungen der Liebe.* Carl-Auer-Systeme Verlag 1994

Hellinger, Bert: *Die Quelle braucht nicht nach dem Weg zu fragen.* 2., korr. Aufl. Carl-Auer-Systeme Verlag 2002

Hellinger, Bert: *Liebe und Schicksal.* Kösel, München 2003

Hite, Shere: *Hite-Report, Frauen und Liebe.* C. Bertelsmann, München 1987

Hite, Shere: *Sex & Business.* Pearson Education, München 2000

Höppner, Gert: *»Heilt Demut – wo Schicksal wirkt?«* Profil Verlag, München/Wien 2001

ten Hövel, Gabriele: *Liebe Mama, böser Papa. Eltern-Kind-Entfremdung nach Trennung und Scheidung.* Kösel, München 2003

Holmes, Ernest: *Der Schlüssel zum wahren Leben.* Verlag CSA, Bad Homburg 1984 (*This thing called life,* 1943)

Horn, Klaus P.: *Die Erleuchtungsfalle.* Connection Medien GmbH, 1997

Imber-Black, Evan: *Die Macht des Schweigens.* dtv-Verlag, München 2000

Jaffé, Aniela: *Erinnerungen, Träume, Gedanken von C.G. Jung.* Walter-Verlag, Olten 1985

Jaeggi, Eva: *Und wer therapiert die Therapeuten?* dtv, München 2004

Johanson, Tom: *Durch Schatten zum Licht, Lichtpunkte.* Bauer Verlag, Freiburg 1999

Kampenhout, Daan van: *Die Heilung kommt von außerhalb.* Carl-Auer-Systeme Verlag, Heidelberg 2001

Kaslow, Florence W.: *Handbook of relational diagnosis and dysfunctional family patterns.* John Wiley & Sons. Inc., New York USA 1996

Kast, Verena: *Vom Sinn des Ärgers.* Kreuz, Stuttgart 1998

Kast, Verena: *Abschied von der Opferrolle.* Herder, Freiburg 1998

Kast, Verena: *Vater-Töchter, Mutter-Söhne.* Kreuz, Stuttgart 1994

Kast, Verena: *Paare, Beziehungsphantasien.* Kreuz, Stuttgart 1984

Kästele, Gina: *Und plötzlich wieder Single. Eine Trennung bewältigen und neue Perspektiven entwickeln.* Kösel, München 1999

Lütz, Manfred: *Der blockierte Riese.* Knaur, München 2001

Madelung, Eva/Innecken, Barbara: *Im Bilde sein.* Carl-Auer-Systeme Verlag, Heidelberg 2001

Maharaj, Sri Nisargadatta: *Ich bin. Teil 1 & 2.* Context Verlag, G. Peters & J. Kamphausen, Bielefeld 1997/1998

Molden, Hanna: *Man nennt es Pubertät.* Econ Verlag, Düsseldorf 1992

Napier, Augustus Y.: *Ich dachte, meine Ehe sei gut, bis meine Frau mir sagte, wie sie sich fühlt.* Kreuz, Zürich 1990

Osten v.d., Henning: *Über die Welt und über Gott.* Kamphausen, Bielefeld 1997

Peck, M. Scott: *Der wunderbare Weg.* Goldmann Verlag, München 1989

Pesso, Albert: *Dramaturgie des Unbewußten. Eine Einführung in die psychomotorische Therapie.* Klett-Cotta, Stuttgart 1986

Popper, Karl R.: *Ausgangspunkte.* Hoffmann & Campe, Hamburg 1992

Rapoport, Anatol: *Kämpfe, Spiele und Debatten.* Darmstädter Blätter, Darmstadt 1976

Rich Harris, Judith: *The Nurture Assumption.* The Free Press, Detroit 1998

Riedel, Lothar (Hrsg.): *Sinn und Unsinn der Psychotherapie.* Neue Erde, Saarbrücken 1998

Rogoll, Rüdiger: *Nimm dich wie du bist.* Herder, Freiburg 2001

Rosenberg, Marshall: *Gewaltfreie Kommunikation.* Junfermann, Paderborn 2004

Schellenbaum, Peter: *Das Nein in der Liebe.* dtv, München 2001

Schellenbaum, Peter: *Abschied von der Selbstzerstörung.* Kreuz, Stuttgart 1989

Schubert, Venanz (Hrsg.): *Aus dem Ursprung leben. Lebenskunst neu bedacht.* Band 15, Eos Verlag, Erzabtei St. Otilien 1997

Sheldrake, Rupert: *Das schöpferische Universum.* Ullstein, Berlin 1981

Sheldrake, Rupert/McKenna, Abraham: *Cyber-Talk.* Scherz, München 1998

Sheldrake, Rupert: *Sieben Experimente, die die Welt verändern könnten.* Goldmann, München 1997

Somé, Malidoma Patrice: *Vom Geist Afrikas.* Diederichs Verlag, München 1996

Sparrer, Insa: *Wunder, Lösung und System.* Carl Auer, Heidelberg 2001

Storch, Maja: *Die Sehnsucht der starken Frau nach dem starken Mann.* Walter/Patmos Verlag, Düsseldorf 2000

Schacter, Daniel L.: *The seven sins of memory.* Houghton Mifflin Books, Boston, N.Y. 2001

Schützenberger, Anne Ancelin: *Oh, meine Ahnen!* Carl-Auer-Systeme Verlag, Heidelberg 2001

Tarassow, Lew: *Wie der Zufall will?* Spektrum Akademischer Verlag, Heidelberg, Berlin 1993

Trungpa, Chögyam: *Der Mythos Freiheit und der Weg der Meditation.* Theseus Verlag, Berlin 1989

Upledger, John E.: *Auf den inneren Arzt hören.* Hugendubel, München 2000

Watzlawick, Paul: *Vom Schlechten des Guten.* Piper Verlag, München 1986

Watzlawick, Paul: *Wie wirklich ist die Wirklichkeit?* Piper Verlag, München 1978

Weber, Gunthard (Hrsg.): *Zweierlei Glück.* Carl-Auer-Systeme Verlag, Heidelberg 2001

Weber, Gunthard/Fritz, B. Simon: *Vom Navigieren beim Driften.* Carl-Auer-Systeme Verlag, Heidelberg 2004

Wittgenstein, Ludwig: *Tractatus logico-philosophicus.* Edition Suhrkamp, Frankfurt/Main 1963

Willi, Jürg: *Was hält Paare zusammen?* Rowohlt, Reinbek 1991

Willi, Jürg: *Die Zweierbeziehung.* Rowohlt, Reinbek 1990

Wolinsky, Stephen: *Die dunkle Seite des inneren Kindes.* Alf Lüchow Verlag, Freiburg 1997

Wolinsky, Stephen: *Das Tao des Chaos.* Alf Lüchow Verlag, Freiburg 1998

Walsch, Neal Donald: *Beziehungen.* Goldmann Verlag, München 2000

Yogananda, Paramahansa: *Die ewige Suche des Menschen.* O.W. Barth, Weilheim 1995

»Das Online-Familienhandbuch«, Herausgeber: Prof. Dr. Wassilios E. Fthenakis und Dr. Martin R. Textor. Ein Internet-basiertes Handbuch zu Themen der Kindererziehung, Partnerschaft und Familienbildung für Eltern, Erzieher, Lehrer und Wissenschaftler
www.familienhandbuch.de

Kassetten

Bly, Robert: *Iron John and the male mode of feeling.* Oral Tradition Archives, Pacific Grove, CA, USA

Hillman, James/Meade Michael/Somé Malidoma: *Images of Initiation.* Oral Traditions Archives

Filme

Eine rein subjektive und unvollständige Liste von Filmen, die im Zusammenhang mit Trennung hilfreich sein können:

American Beauty (Sam Mendos)
The two of us/An deiner Seite (Rob Reiner)
Pleasantville (Gary Ross)
Das Geheimnis (Verginie Wagon)
Lieber Frankie (Shona Auerbach)

Die Summe unseres Lebens sind die Stunden,
in denen wir liebten.

Wilhelm Busch